JN095550

反社リスク対策研究会［編］

反社会的勢力×対応の手引

【第2版】

発行 民事法研究会

第２版発刊にあたって

　初版から８年近くが経過して、一般人の「ハンシャ」（反社会的勢力）という言葉に対する受け止め方が変わってきたように思われます。ハンシャとの親交が明らかになった芸能人が、その関係遮断を拒否したことで芸能界を引退したのは平成23年のことでした。令和に入って、人気芸能人でもハンシャとのツーショット写真がマスコミに流れただけで活動の自粛、引退を余儀なくされるほど、ハンシャとの交際はタブー視されています。

　ハンシャは社会のルールを守らない現代のアウトローであり、ハンシャが忌み嫌われる存在とされる社会は健全です。ただし、それはハンシャが言葉どおり「反社会的勢力」であることが前提です。ハンシャといっても暴力団から半グレまで各種あり、人生あるいは職業としてハンシャであるケースもあれば、昔の不良仲間に誘われて犯罪グループの一員となったにすぎないケースもあります。ハンシャ自体の「反社会性」にも程度の差があり、そんなハンシャとどんな関係にあるのか、実はそれが重要です。ハンシャとの交際の具体的内容が多くの暴排条項に定められた「社会的に非難されるべき関係」であれば、そのハンシャが私たちが排除すべき反社会的勢力なのです。

　これも令和に入った頃の話ですが、政府主催のお花見会にハンシャが招待されていた件を責任追及された記者会見において、当時の内閣官房長官は「反社会的勢力という言葉はさまざまな場面で使われ、定義は一義的に定まっているわけではない」と発言しました（※）。この言い訳については、反社会的勢力という言葉に固定的な定義を設けることは、逆に排除すべき相手が反対解釈によってハンシャではないことの証明に使うことになる、あるいは、反社会的勢力の定義にあてはまらない新たなハンシャが登場するなどの事態を慮ったものと考えていますが、「反社会的勢力」の外縁はあやふやであり、機能的な概念としては漠然としている側面があることも事実でしょう。

　これらハンシャが登場する出来事の是非は措くとして、私たちが反社会的

1

勢力との関係に過敏にならざるを得ない世界で生きていることは事実です。

　この本が、皆様が反社リスクを考える一助となれば幸いです。

　令和3年6月

編者を代表して

弁護士　淺　見　敏　範

　※なお、政府は、平成19年6月19日の犯罪対策閣僚会議の申合せとして策定した「企業が
　　反社会的勢力による被害を防止するための指針」（いわゆる「政府指針」「反社指針」）
　　において、反社会的勢力を「暴力、威力と詐欺的手法を駆使して経済的利益を追求する
　　集団又は個人」と定義しています。これが、反社会的勢力の用語が公的に用いられた最
　　初の例といわれています。

発刊にあたって

　暴行や脅迫等によって人の自由を妨げる権利は誰にもありません。

　我々は普段、愛知県弁護士会の民事介入暴力対策委員会の委員として、民暴事件の実態や対策を研究する一方で、弁護士として、それぞれ個別事件について依頼者の代理人として反社会的勢力と対峙し、被害者救済に努めてきました。そのような弁護士業務の中で、暴力団員ではないが関係の深そうな団体による被害を受けたという相談を受けることがあります。

　一昔前は、「ハンシャ」と言っても全く理解してもらえませんでしたが、平成19年6月19日に政府指針（犯罪対策閣僚会議幹事会申合せ）が出された後は、「反社会的勢力」の認知度は飛躍的に上がり、誰もが知るような言葉となりました。

　他方で、同政府指針における「（反社会的勢力との）一切の関係遮断」という言葉の強さからか、反社会的勢力を社会全体で迫害するようなイメージによる反発や、誤解に基づく批判もあったように思われ、反社会的勢力の被害者意識を不必要に刺激し、「窮鼠猫を噛む」ような事態の発生を心配する声もありました。

　そこで、我々は、本書において、まず、反社会的勢力という概念や類型をあらためて検討し、反社会的勢力の行動原理を踏まえて排除原理を定立し、法律・条例というハードローだけでなくソフトローについても分析し、これからの反社会的勢力排除のあり方について述べました（「第1章　反社って何ですか？　～反社会的勢力排除の理論～」）。次に、反社会的勢力の事前排除について注意点や諸手法などを検討し（「第2章　そろそろ我が社も反社リスクを考えよう！　～反社排除の実務・事前排除編～」）、そして、反社会的勢力の事後排除について、Q＆A形式でわかりやすく解説しました（「第3章　反社がオフィスにやってきた！　～反社排除の実務・事後排除編～」）。末尾には参考資料として、意欲作である推奨暴排条項例などを付けております。

3

　出版会議における議論の結果、我々は、反社会的勢力排除の必要性が高まっている現在において、反社会的勢力排除のために本書で紹介した諸手法を活用することは、私的自治として当然に許される行為で、風評被害防止のためにも、自身や他者の被害防止のためにも、社会のためにも必要な行為ですし、さらに、諸手法はどれか１つを採用すればよいというものではなく、すでに採用した手法が真に有効に機能しているか、他の手法は採用できないかなどについて不断の見直しを続けていくことが必要という結論に至っております。

　なお、反社会的勢力という概念を認め、活用することは、民暴弁護士がこれまで実践してきた警察とのいわゆる対立的協調関係をいささかも変更するものではありません。

　本書を契機に、反社会的勢力について一層の建設的な議論がなされ、理論が深化することを願ってやみません。

　本書が反社会的勢力や反社会的行為による被害を減らし、被害を救済するための一助となれば幸いです。

　　平成25年６月

編者を代表して

弁護士　安　藤　雅　範

『反社会的勢力対応の手引〔第2版〕』

目　次

第1章　反社会的勢力排除の理論

第2章　反社排除の実務・事前排除編

第3章　反社排除の実務・事後排除編

参考資料　反社排除に使える書式等

▶凡　例◀

暴対法　→　暴力団員による不当な行為の防止等に関する法律

道交法　→　道路交通法

平成19年反社指針　→　企業が反社会的勢力による被害を防止するための指
針（平成19年6月19日付け犯罪対策閣僚会議幹事会申合せ）

反社　→　反社会的勢力

第1章

反社会的勢力排除の理論

I　反社会的勢力の意義

　反社会的勢力という言葉は、日本経済団体連合会（経団連）が平成8年12月に経団連企業行動憲章を改定した際に暴力団や総会屋を指す言葉として用いたのが最初といわれています。[1]

　政府は、「企業が反社会的勢力による被害を防止するための指針」（平成19年6月19日付け犯罪対策閣僚会議幹事会申合せ。以下、「平成19年反社指針」という）[2]を発表し、「反社会的勢力」について、「暴力、威力と詐欺的手法を駆使して経済的利益を追求する集団又は個人」という定義を明らかにしました。上記指針では、治安対策上も、企業の社会的責任上も、コンプライアンス上も、そして企業防衛上も、企業には反社会的勢力の排除や関係遮断が求められると述べています。すなわち、資金源に打撃を与えることは治安を脅かす存在である反社会的勢力の勢力を減退させ、さらなる被害を防止するために必要ですし、企業が反社会的勢力に対し利益を供与することは、反社会的勢力の違法・不当な行為を支援しているとも評価されうるものですから、企業の社会的責任や守るべきルールに反すると考えられます。そして、儲けるためには手段を選ばないともいわれる反社会的勢力との交流を続けていては、すぐに何かの口実で因縁をつけられて被害が発生してしまうと考えられるため、排除や関係遮断は企業自身が被害を受けないためにも求められます。反社会的勢力の代表例は暴力団ですが、暴力団対策法（暴対法。正式には、「暴力団員による不当な行為の防止等に関する法律」）が施行された平成4年以降、暴力団であることを明らかにしない、または暴力団と無関係を装うなど、暴力団は不透明化の傾向を強めているため、暴力団だけを対象とするのでは目

1　第一東京弁護士会民事介入暴力対策委員会編『金融実務と反社会的勢力対応100講』2頁（きんざい、2010年）。

2　「法務省ウェブサイト」http://www.moj.go.jp/keiji1/keiji_keiji42.html

的を達成できないことから、それより広い概念として登場したものと考えられます。

　なお、暴力団は単なる一類型にとどまらず、反社会的勢力の中心的存在と位置づけられています。それは上記指針で「暴力団を始めとする反社会的勢力」と述べられていることからもわかります。

　反社会的勢力の類型としては、暴力団、暴力団員、暴力団準構成員、暴力団関係企業、総会屋等、社会運動等標ぼうゴロ、特殊知能暴力集団、準暴力団等があるといわれていますが、その詳細については後記Ⅱをご参照ください。

　ちなみに、クレーマーは、「法的クレーム処理に応じずに、自身の不当要求を企業に対し押し通そうとする者」や「クレームの内容かクレーム行為の態様のどちらか又は両方において異常値を示す者」と定義される[3]など、不当にまたは不当な苦情をいう人という意味で使われますが、悪質なクレーマーなどは「総会屋、会社ゴロ等企業等を対象に不正な利益を求めて暴力的不法行為等を行うおそれがあり、市民生活の安全に脅威を与える者」に該当するならば、「総会屋等」に該当しますので、反社会的勢力ということになります。

Ⅱ　反社会的勢力の類型 ──いわゆる属性要件を中心とした分類

　警察庁は、「組織犯罪対策要綱」[4]で、暴力団等について、次のように定義しています。

　①　暴力団　　その団体の構成員（その団体の構成団体の構成員を含む）が集団的にまたは常習的に暴力的不法行為等を行うことを助長するおそれ

3　いずれも深澤直之『悪魔の呪文「誠意を示せ！」』24頁（東京法令出版、2007年）。
4　令和2年4月1日付け「組織犯罪対策要綱の制定について（通達）」https://www.npa.go.jp/laws/notification/keiji/sosikihanzaitaisakukikaku/20200401sotaiki.pdf

のある団体をいう。

②　暴力団員　　暴力団の構成員をいう。

③　暴力団準構成員　　暴力団または暴力団員の一定の統制のもとにあっ
て、暴力団の威力を背景に暴力的不法行為等を行うおそれがあるものまたは
暴力団もしくは暴力団員に対し資金、武器等の供給を行うなど暴力団の維持
もしくは運営に協力する者のうち暴力団員以外のものをいう。

　④　暴力団関係企業　　暴力団員が実質的にその経営に関与している企
　　業、準構成員もしくは元暴力団員が経営する企業で暴力団に資金提供を
　　行うなど暴力団の維持もしくは運営に積極的に協力しもしくは関与する
　　もの、または業務の遂行等において積極的に暴力団を利用し暴力団の維
　　持もしくは運営に協力している企業をいう。

　⑤　総会屋等　　総会屋、会社ゴロ等企業等を対象に不正な利益を求めて
　　暴力的不法行為等を行うおそれがあり、市民生活の安全に脅威を与える
　　者をいう。

　⑥　社会運動等標ぼうゴロ　　社会運動もしくは政治運動を仮装し、また
　　は標ぼうして、不正な利益を求めて暴力的不法行為等を行うおそれがあ
　　り、市民生活の安全に脅威を与える者をいう。

　⑦　特殊知能暴力集団等　　上記①から⑥に掲げる者以外の、暴力団との
　　関係を背景に、その威力を用い、または暴力団と資金的なつながりを有
　　し、構造的な不正の中核となっている集団または個人をいう。

　上記の分類がよく知られており、たとえば、金融庁の金融機関向けの監督
指針[5]でも、「反社会的勢力のとらえ方」として、「暴力、威力と詐欺的手法
を駆使して経済的利益を追求する集団又は個人である『反社会的勢力』をと
らえるに際しては、暴力団、暴力団関係企業、総会屋、社会運動標榜ゴロ、

5　「主要行等向けの総合的な監督指針Ⅲ－3－1－4」https://www.fsa.go.jp/common/law/
　　guide/city/index.html
　　　「中小・地域金融機関向けの総合的な監督指針Ⅱ－3－1－4」https://www.fsa.go.jp/common/
　　law/guide/chusho/index.html

政治活動標榜ゴロ、特殊知能暴力集団等といった属性要件に着目するとともに、暴力的な要求行為、法的な責任を超えた不当な要求といった行為要件にも着目することが重要である（平成23年12月22日付け警察庁次長通達「組織犯罪対策要綱」参照）」と組織犯罪対策要綱がそのまま引用されています。

　ただ、それ以外の用語も使われる場合があります。たとえば、平成31年3月20日付けの警察庁の「暴力団排除等のための部外への情報提供について」では、「共生者」、「暴力団員と社会的に非難されるべき関係にある者」などの用語があげられています。[6]

　そのうち、「共生者」については、平成23年版警察白書の第2章第1節1に、「暴力団に資金を提供するなどして、暴力団の資金獲得活動に協力し、又は関与する個人やグループの存在がうかがわれる。これらの者は、表面的には暴力団との関係を隠しながら、その裏で暴力団の威力、資金力等を利用することによって自らの利益拡大を図っており、言わば暴力団と共生する者となっている」との記載があることからすると、「共生者」とは、「表面的には暴力団との関係を隠しながら、暴力団に資金を提供するなどして、暴力団の資金獲得活動に協力し、または関与する個人やグループ」と定義することができると考えられます。

　「暴力団員と社会的に非難されるべき関係にある者」[7]とは、相手方が暴力団員であることをわかっていながら、その主催するゴルフコンペに参加している者、頻繁に飲食を共にしている者、誕生会、結婚式、還暦祝いなどの名目で多数の暴力団員が集まる行事に出席している者、暴力団員が関与する賭

6　なお、平成23年12月20日付けの警察庁の「暴力団排除等のための部外への情報提供について」では、「密接交際者」という用語がありました。
7　大阪高裁平成23年4月28日決定（判例集未登載）は、「『社会的に非難される関係』とは、例えば、暴力団員が関与する賭博や無尽等に参加していたり、暴力団員やその家族に関する行事（結婚式、還暦祝い、ゴルフコンペ等）に出席し、自己や家族に関する行事に暴力団員を出席させるなど、暴力団員と密接な関係を有していると認められる場合をいうと解するのが相当」と判示しています。

博等に参加している者などをいうと考えられます（警視庁ウェブサイト[8]Ｑ７参照）。

　ちなみに、東京都暴力団排除条例２条４号は、「暴力団関係者」を「暴力団員又は暴力団若しくは暴力団員と密接な関係を有する者」と定義し、これに関して、警視庁は、「暴力団若しくは暴力団員と密接な関係を有する者」とは、たとえば、暴力団または暴力団員が実質的に経営を支配する法人等に所属する者、暴力団員を雇用している者、暴力団または暴力団員を不当に利用していると認められる者、暴力団の維持、運営に協力し、または関与していると認められる者、暴力団または暴力団員と社会的に非難されるべき関係を有していると認められる者であると前掲（注８）のウェブサイトＱ６で説明しています。

　また、大阪府暴力団排除条例２条４号は、「暴力団密接関係者」を「暴力団又は暴力団員と密接な関係を有するものとして公安委員会規則で定める者」と定義し、公安委員会規則である大阪府暴力団排除条例施行規則３条は、以下の①ないし⑥のいずれかに該当する者を「暴力団密接関係者」と定めています（表現は簡略化しています）。

①　利益を図りまたは加害する目的で暴力団または暴力団員を利用した者
②　暴力団の威力利用に関して利益供与をした者
③　暴力団活動を助長し、相当対価のない利益供与をした者
④　暴力団または暴力団員と社会的に非難されるべき関係を有する者
⑤　事業者で、その役員、課長以上の役職、経営に参加している者などに暴力団員または上記①〜④に該当する者が含まれる者
⑥　府の公共工事等に関して、契約相手が上記①〜⑤のいずれかに該当することを知りながら、下請契約、資材または原材料の購入契約等を締結した事業者

8　警視庁「東京都暴力団排除条例Ｑ＆Ａ」https://www.keishicho.metro.tokyo.jp/kurashi/anzen/tsuiho/haijo_seitei/haijo_q_a.html

　つまり、これらの概念は、上述した「共生者」、「密接交際者」、「暴力団員と社会的に非難されるべき関係にある者」を包括した概念となっているといえます。ただ、用語法の問題ですが、東京都の「暴力団関係者」と違って、大阪府の「暴力団密接関係者」は暴力団員を含まないという違いがあります。

大阪府暴力団排除条例施行規則（大阪府公安委員会規則第３号）

第３条　条例第２条第４号の公安委員会規則で定める者は、次のいずれかに該当する者とする。

⑴　自己若しくは第三者の利益を図り又は第三者に損害を加える目的で、暴力団又は暴力団員を利用した者

⑵　暴力団の威力を利用する目的で、又は暴力団の威力を利用したことに関し、暴力団又は暴力団員に対し、金品その他の財産上の利益又は役務の供与（次号において「利益の供与」という。）をした者

⑶　前号に定めるもののほか、暴力団又は暴力団員に対し、暴力団の活動を助長し、又は暴力団の運営に資することとなる相当の対価のない利益の供与をした者

⑷　暴力団又は暴力団員と社会的に非難されるべき関係を有する者

⑸　事業者で、次に掲げる者（アに掲げる者については、当該事業者が法人である場合に限る。）のうちに暴力団員又は第１号から前号までのいずれかに該当する者のあるもの

　ア　事業者の役員（業務を執行する社員、取締役、執行役又はこれらに準ずる者をいい、相談役、顧問その他いかなる名称を有する者であるかを問わず、当該事業者に対し業務を執行する社員、取締役、執行役又はこれらに準ずる者と同等以上の支配力を有するものと認められる者を含む。）

　イ　支配人、本店長、支店長、営業所長、事務所長その他いかなる名称を有する者であるかを問わず、営業所、事務所その他の組織（以下「営業所等」という。）の業務を統括する者

　ウ　営業所等において、部長、課長、支店次長、副支店長、副所長その他いかなる名称を有する者であるかを問わず、それらと同等以上の職にあるものであって、事業の利益に重大な影響を及ぼす業務について、一切の裁判外の行為をする権限を有し、又は当該営業所等の業務を統

括する者の権限を代行し得る地位にある者

　　エ　事実上事業者の経営に参加していると認められる者

(6)　前各号のいずれかに該当する者であることを知りながら、これを相手
　　方として、条例第2条第5号に規定する公共工事等に係る下請契約、資
　　材又は原材料の購入契約その他の契約を締結した事業者

　なお、平成19年反社指針は、「暴力、威力と詐欺的手法を駆使して経済的
利益を追求する集団又は個人である『反社会的勢力』をとらえるに際しては、
暴力団、暴力団関係企業、総会屋、社会運動標ぼうゴロ、政治活動標ぼうゴ
ロ、特殊知能暴力集団等といった属性要件に着目するとともに、暴力的な要
求行為、法的な責任を超えた不当な要求といった行為要件にも着目すること
が重要である」と述べています。

　これは、上記各類型の定義においても、「暴力的不法行為等を行うおそれ」
など行為に関する要件が記載されていることからもわかるとおり、属性要件
の該当性を判断する際にも、違法・不当な要求行為が過去にあったか否か、
今後行われるおそれがあるか否かという行為要件を忘れてはいけないという
趣旨と考えられます。

　反社会的勢力排除条項を定めるにあたっては、条項にはできるだけ立証が
しやすいように要件を定めて定義をし、必要な場合には警察からの情報提供
を受けられるようにしておくことと、抽象的な文言による定義には具体的な
例示をするなどして定義をできる限り明確化しておくことが肝要と考えられ
ます。

＊コラム＊

▷半グレと準暴力団

　近年、暴走族の元構成員などを中心とした集団が繁華街・歓楽街等で
暴行、傷害事件を起こすといった事例が増えています。

　これらの新興犯罪集団は、一般に「半グレ[9]」と呼ばれています。警察庁は、平成25年３月７日付け警察庁「準暴力団に関する実態解明及び取締りの強化について（通達）[10]」において、こうした新興犯罪集団の呼称として「準暴力団」という用語をつくり、「暴力団と同程度の明確な組織性は有しないものの、これに属する者が集団的に又は常習的に暴力的不法行為等を行う集団」と定義しました[11]。平成27年３月に警察庁から発表された「平成26年の暴力団情勢」においては、「準暴力団について」との項目が設けられ、警察庁は首都圏および東京都を中心に活動する８つの集団を「準暴力団と位置づけ[12]」ているとし、実態解明および違法行為の取締りを強化していると述べられています。このように、警察庁においては、一部の半グレ集団を「準暴力団」として認定し、特に取締りを強化しているものと考えられます。

　半グレや準暴力団の活動実態も、徐々に変化してきており、現在は単なる暴行行為のみならず、振り込め詐欺などの特殊詐欺、組織窃盗等の違法な資金獲得活動を活発化させています。たとえば、新型コロナウイルス感染症対策として令和２年から始まった「持続化給付金制度」を悪用し、不正受給詐欺が多発しているとの報道[13]や、大阪の繁華街において、半グレ集団が経営するぼったくりバーが多額の利益を上げていたとの報道[14]が確認できます。

9　「半グレ」は、一般人と暴力団の中間的存在という意味や、「ぐれている」「グレーな存在」「愚連隊」などの言葉が語源とされます。
10　なお、この通達は原議保存期間が経過していますが、「準暴力団に関する実態解明、情報共有及び取締りの強化について」という通達が新たに平成29年11月27日に発出されています。
11　令和２年４月１日付け警察庁「組織犯罪対策要綱の制定について（通達）」においても同様の定義がみられます。
12　公表されている準暴力団は、関東連合OBグループ、チャイニーズドラゴン、打越スペクターOBグループ、大田連合OBグループの４つ。また、同資料においては、公表されていない集団を含め合計８集団を準暴力団と認めていることが示されています。
13　令和２年９月日付け琉球新報DIGITAL、同年12月５日付け日本経済新聞電子版など。
14　平成31年１月３日付け産経新聞（ウェブ版）。

　半グレや準暴力団の中には暴力団との関係をもつものもあり、上記のような違法活動によって得た資金の一部を暴力団に上納する一方、自らは風俗営業等の事業資金や他の違法な資金獲得活動の原資にあてるなどして勢力の維持・拡大を図っていると考えられています[15]。

　このように、半グレや準暴力団は、暴力団組織の資金源となっているほか、高齢化が進んでいるとされる暴力団と比べて構成員の年齢が若く、より活発な活動を行っています。そうした意味では、暴力団以上に「身近で危険な」存在といえるかもしれません。

Ⅲ　反社会的勢力の行動原理

　「反社会的勢力」については、平成19年反社指針において、「暴力、威力と詐欺的手法を駆使して経済的利益を追求する集団又は個人」という定義がなされています。この定義から浮かび上がる反社会的勢力像は、ひと言でいえば、「金儲け（資金獲得）のためなら手段を選ばない」集団または個人ということになります。

　「反社会的勢力」の中心的存在は暴力団ですので、ここでは主に、暴力団組員の行動原理について述べることにします。

　映画や小説などで、暴力団が「任侠道の集団」であるとか、暴力団組員が「任侠の徒」であるなどといわれることがあります。「任侠」（にんきょう）とは、本来仁義を重んじ、困っていたり苦しんでいたりする人を見ると放っておけず、彼らを助けるために体を張る自己犠牲的精神を指す語ですが、暴力団は、一般市民に対する暴力、恐喝、詐欺行為、ヤミ金融による不法な取立て、覚醒剤売買、売春の強要など、任侠とは程遠い犯罪行為を行う組織というのが

15　令和2年4月1日付け警察庁「組織犯罪対策要綱の制定について（通達）」。

その実態です。

　さらに最近では、暴力団組員による臓器移植の仲介、東日本大震災時の混乱に乗じた預金・融資金詐欺、原子力発電所への違法な労働者派遣といった、人の弱みに付け込んだ資金獲得活動の実態が明らかになっています。[16]

　このように、暴力団とは、金儲け（資金獲得）のためなら手段を選ばず、弱者から利益を搾り取っていく組織であって、任侠とは対極の行動原理に基づき行動しているといえます。

　そして、この暴力団を取り巻くその他の反社会的勢力もまた、暴力団の威力を背景に利益を得て、その見返りに、暴力団に資金提供することで利益を還元し暴力団の資金獲得活動に協力するといった、持ちつ持たれつの関係を築いています。

　近年、このような暴力団を取り巻く資金の流れが巧妙化、多様化し、実態が把握しづらくなっていますが、たとえ「暴力団」を名乗らなくても、金儲けのために違法な手段を駆使するという点において、反社会的勢力の行動は共通しているといえます。

IV　反社会的勢力の諸活動

　近年の暴力団やその周辺者に対する取締り強化を受け、反社会的勢力の資金獲得活動にも変化がみられています。

　たとえば、昭和30年代には、覚醒剤の取引、恐喝、賭博、ノミ行為、売春、みかじめ料請求などの活動が一般的でした。

　その後、昭和40年代に入ると、民事介入暴力、すなわち、暴力団またはその関係者が、暴力団の威力を背景に、一般市民の日常生活や経済取引に介入・関与して、違法・不当な利益の獲得を図ることが盛んになりました。交通事

16　警察庁組織犯罪対策部暴力団対策課・企画分析課「平成23年の暴力団情勢」。

故の示談に介入して不当な要求をする（第3章Q5）、高利の貸金業者への返済を不当な方法で迫る（Q17）などは、この頃の典型的な活動でした。

昭和50年代に入ると、企業に対する活動が盛んになりました。いわゆる「総会屋」が暗躍し始めたのもこの頃です（Q8）。この頃の日本企業は、高度経済成長の波に乗り、比較的資金に余裕のある時期でした。反社会的勢力は、まさにそこに目をつけ、株主総会の妨害だけでなく、エセ右翼行為、エセ同和行為、不当クレーム、機関誌購入要求などを繰り返して企業活動を妨害し、企業から金を引き出しました（Q20、Q21など）。

その後、日本がバブル経済全盛期を迎えると、不動産取引介入（地上げ）やリゾート開発事業絡みの活動も盛んになりました。特に、この頃は繰り返し土地を売買する（いわゆる土地転がし）だけでも儲けが得られたため、不動産取引への反社会的勢力の介入は凄まじく、地上げ屋、占有屋が暗躍した時代でした（Q12、Q22、Q23、Q24）。

また、投機的な取引の対象となりやすい株式に対し、仕手筋が株価操縦行為を行い、莫大な利益を上げるということもありました。

その後、バブル経済が崩壊し、不動産価格や株価が下落していくと、反社会的勢力は次なるターゲットを探し始めました。また、徐々に、反社会的勢力、とりわけ暴力団に対する世の中の批判が高まり、規制が強化されるにつれて反社会的勢力の活動は潜在化、多様化し、表向きは合法的な一般企業を仮装し、その背景には暴力団が控え、いざというときは裏の顔で要求を貫くなど、暴力団の存在を前面に出さない活動をするようになりました。これが、いわゆる「フロント企業」活動です（Q7、Q9、Q17、Q18）。

さらに彼らは、不景気な民間企業に代わって行政に目を付け、官公庁に対する不当要求を行ったり（行政対象暴力）、公共工事への参入、嫌がらせ、広報誌等の購読を迫るなどして利益を得るようになりました（Q16、Q21）。

また近年は、ネット犯罪、振り込め詐欺に代表される特殊詐欺など、市民に対する詐欺的犯罪も増加しています（Q1、コラム「反社会的勢力と特殊詐

欺」（80頁）参照）。

このように、反社会的勢力による諸活動は、時代にあわせ、また規制を回避するために潜在化、多様化しています。世の中のしくみが変化するたびに彼らも活動態様を変え、常に効率よく金儲け（資金獲得）を図っているのです。

V 反社会的勢力排除の社会的気運

1 平成19年反社指針の取りまとめ

暴力団を含む反社会的勢力は、企業活動を装ったり、政治活動や社会運動を標ぼうしたりして組織形態を隠蔽することによって、証券取引や不動産取引等の経済活動を通じて巧妙な資金獲得活動をするようになりました。

そこで、平成19年6月19日に、政府において平成19年反社指針が取りまとめられました。平成19年反社指針においては、反社会的勢力による被害を防止するため、5つの基本的な理念（①組織としての対応、②外部専門機関との連携、③取引を含めた一切の関係遮断、④有事における民事と刑事の法的対応、⑤裏取引や資金提供の禁止）や具体的な対応が取りまとめられています。この平成19年反社指針をきっかけに、銀行業界、証券業界、不動産業界をはじめとする各分野において反社会的勢力排除に向けた具体的な取組みが進められるようになりました。

2 銀行業界における反社会的勢力の排除

まず、銀行業界については、全国銀行協会（以下、「全銀協」という）が、平成19年7月24日、反社会的勢力との融資取引等について、反社会的勢力との取引であることが判明した場合等には、契約解除を可能とする対応について、規定の整備等を含めて検討に着手しました。

そして、全銀協は、平成20年11月には銀行取引約定書、平成21年9月には

普通預金規定、当座勘定規定、貸金庫規定に盛り込む暴力団排除条項の参考例を公表し、平成23年6月には、銀行取引約定書および当座勘定取引における暴力団排除条項の参考例を一部改正しました。

　現在でも、「主要行等向けの総合的な監督指針（令和2年12月）」の「Ⅲ－3－1－3　組織犯罪等への対応」や「Ⅲ－3－1－4　反社会的勢力による被害の防止」において、平成19年の反社指針に沿った反社会的勢力排除に取り組んでいます。特に、社会問題化したメガバンク提携ローンについては「暴力団排除条項の導入を徹底の上、銀行が自ら事前審査を実施する体制を整備し、かつ、提携先の信販会社における暴力団排除条項の導入状況や反社会的勢力に関するデータベースの整備状況等を検証する」としています（〈https://www.fsa.go.jp/common/law/guide/city/index.html〉）。

3　証券業界における反社会的勢力の排除

　証券業界では、日本証券業協会を含む証券保安連絡会や証券保安連絡会実務者会議が設置され、証券保安連絡会実務者会議が中間報告として、平成19年7月に「証券取引および証券市場からの反社会的勢力の排除について」をまとめ、証券取引（顧客）からの排除、証券取引所上場からの排除、市場仲介者（証券会社等）からの排除という基本原則をとることを明らかにしています。

　さらに、東京証券取引所は、証券保安連絡会実務者会議中間報告「証券取引および証券市場からの反社会的勢力の排除について」を踏まえ、平成19年11月27日に「反社会的勢力排除に向けた上場制度及びその他上場制度の整備について」を公表し、反社会的勢力による証券市場の濫用を防止し、証券市場の秩序の維持および信頼の向上を図る観点から上場制度を整備することにしました（コラム「反社データベース～警察庁と日本証券業協会の連携～」(17頁)参照）。

　現在も「金融商品取引業者等向けの総合的な監督指針（令和3年1月）」の

「Ⅲ－2－11　反社会的勢力による被害の防止」において、「反社会的勢力の資金獲得活動が巧妙化しており、関係企業を使い通常の経済取引を装って巧みに取引関係を構築」、「新興市場における新規株式公開や上場市場におけるエクイティ・ファイナンス等により、暴力団等の反社会的勢力が金融商品市場に介入し、資金獲得を図っている状況」に言及し、「こうしたケースに適切に対処するには経営陣の断固たる対応、具体的な対応が必要である」として、平成19年の政府指針に沿った反社会的勢力排除体制を強固なものとしています（〈https://www.fsa.go.jp/common/law/guide/kinyushohin/〉）。

4　不動産業界における反社会的勢力の排除

不動産業界においては、国土交通省が、平成21年1月に「不動産取引からの反社会的勢力の排除のあり方検討会」を設置し、同年3月に不動産取引からの反社会的勢力の排除のあり方についてのとりまとめを行いました。

以上の状況を踏まえ、平成23年5月に、不動産流通4団体において、警察庁と国土交通省の支援のもと、売買契約書等に入れる反社会的勢力排除のための標準モデル条項をとりまとめ、平成23年6月以降、各団体において順次モデル条項を導入し、講習会等を通じて普及・啓発を行っています。また、不動産協会では、大手ディベロッパー向けに、売買契約・賃貸借契約における暴力団等反社会的勢力排除のためのモデル条項などがまとめられています。

このように、不動産取引からも反社会的勢力を排除しようという動きが急速に進んでいます。

5　生命保険業界における反社会的勢力の排除

生命保険業界においても、平成23年6月17日、「生命保険業界における反社会的勢力への対応指針」[17]として、生命保険協会および生命保険会社が反社

17　同指針は、平成26年2月21日に改正されています。

会的勢力との関係遮断を徹底することを宣言しています。

6　プロスポーツ業界における反社会的勢力の排除

　プロスポーツ業界においても、各種の競技において、暴力団排除宣言を行っています。特にプロ野球業界においては、平成23年1月に「プロ野球暴力団等排除対策協議会」を結成し、プロスポーツ界では初めてとなる排除活動に乗り出しています。

7　暴力団排除条例の制定

　また、各都道府県において、条例によって暴力団を排除しようとする動きが広まっており、平成23年10月1日に東京都と沖縄県で施行されたことをもって、全都道府県において暴力団排除条例が施行されるに至りました。

　暴力団排除条例は、各都道府県によってその内容は異なっていますが、いずれも暴力団との交際を断ち、暴力団の影響を排除することを目的としている点で共通しています。

8　警察による情報提供

　このように、各業界において、反社会的勢力を排除するしくみが構築され、また、各都道府県において暴力団排除条例が制定されたことによって、事業者による反社会的勢力排除の気運が高まっています。このような要望に対応するために、警察庁は「暴力団排除等のための部外への情報提供について」と題する平成23年12月22日付けの通達[18]により、一定の基準のもとに暴力団員等の情報を提供することにし、社会的気運を後押ししています。

18　なお、同通達は、平成31年3月20日に一部内容を見直した新しい通達が発出されています。

9 まとめ

以上のように、平成19年反社指針を契機として、各業界において反社会的勢力の排除の気運が高まっていきました。

─── ＊コラム＊ ───

▷反社データベース～警察庁と日本証券業協会の連携～

　各都道府県において暴力団排除条例が制定され、また、各業界においても暴力団等反社会的勢力との関係を排除するしくみが整えられるなど、反社会的勢力排除の気運が高まってきたことはこれまで述べてきたとおりです。

　反社会的勢力との関係を排除するためには、接触を図ってきた者が反社会的勢力に属する者であるか否かを確認する必要がありますが、その手段の1つとして反社データベースの活用があります。

　反社データベースとは、反社会的勢力に関する情報を収集・蓄積したもので、氏名・生年月日等の情報を入力することで、対象者が反社会的勢力に属しているか否かを判断するものです。全国銀行協会等の業界団体や警察庁ではそれぞれ独自に反社データベースをもち、運用しています。

　反社データベースの内容の正確性や網羅性を確保するためには、各業界団体や警察庁のもつ各データベースの共有化が効果的です。警察庁と日本証券業協会は、平成25年1月から、取引口座開設の申込みを行った者が反社会的勢力に属する者かどうかを証券会社側から警察庁のデータベースに照会できるシステムの運用を開始しました。これ以外にも、全国銀行協会と警察庁との間で、警察庁の反社データベースへの接続に向けた検討を行っています。

　反社データベースは、対象者が反社会的勢力に属する者か否かを判断

する際の手段として効果的ではありますが、その内容はプライバシーに直結するものであるため、慎重な運用が求められます。

VI　反社会的勢力排除の原理

1　反社会的勢力排除の理由

　なぜ、反社会的勢力は排除されなければならないのでしょうか。それは、反社会的勢力の存在、行動が、一般社会に害をなすからです。

　それは、以下のような害悪であると考えられます。

①　反社会的勢力を介した間接的な法益侵害（反社会的勢力の助長（支援）のおそれ）

②　反社会的勢力と紛争の親和性（トラブルに巻き込まれるおそれ）

③　反社会的勢力との取引を行ったことによるレピュテーション・リスク（信用低下のおそれ）

　これらについて考察します。

2　反社会的勢力を介した間接的な法益侵害

　契約の有無にかかわらず、反社会的勢力へ無償で利益を供与する場合（協賛金、あいさつ料など）には、供与した者には被害が及ばなくても、反社会的勢力がその受領した利益を利用してさらなる違法行為に及んだり、蓄積して将来の違法行為に備えたりすることになります。

　また、反社会的勢力と契約するなど双務的な取引をする場合も、反社会的勢力への給付が現在あるいは将来の法益侵害につながることは無償取引の場合と同様です。

　上記の考え方をひと言でいえば、反社会的勢力との取引は、無償有償を問

わず、反社会的勢力による違法行為（による被害の発生）を助長・支援することになります。

3　反社会的勢力の紛争との親和性

　反社会的勢力は、一般に民事法上の法益を侵害する傾向をもっており、暴力団同士の抗争から個人的紛争まで、さまざまな紛争と高い親和性があります。そのため、反社会的勢力とかかわりをもっていると、その紛争に巻き込まれ、本人や他の人々に危害が及ぶ可能性があります。たとえば、反社会的勢力にビルの１室を貸したことで、抗争でそのビルが壊されたり、他のテナントが出ていってしまったりすることが考えられます。

　したがって、紛争に巻き込まれる危険を回避するためには、反社会的勢力を取引から排除すること自体も合理的な場合があります。この危険は、具体的な危険であればもちろん、抽象的な危険であっても排除の根拠となるように思われます。

4　レピュテーション・リスク

　反社会的勢力は民事法にとどまらず、行政法上も、刑事法上でもさまざまな問題を抱えている存在です。近年では反社会的勢力との取引については行政（警察を含む）等から解消等を求められる風潮があり、暴力団排除条例でも取引からの排除が求められています。

　さらに、コンプライアンス重視の社会的要請からすれば、反社会的勢力との関係が発覚して大きな風評被害や信用低下が生じるおそれ（レピュテーション・リスク）もあり、他の取引関係に悪影響を及ぼすおそれもあります。

Ⅶ　反社排除のためのハードロー①
──法律

1　反社会的勢力排除のための法律

　いわゆる反社会的勢力排除のための規制・防止手段にはさまざまなものがありますが、罰則等の強力な効力がある法律からご紹介します。

2　刑　法

　まず、基本的かつ一般的な法律としては刑法があります。刑法は、国民全体を対象としており、特に暴力団員や反社会的勢力に限定して規制しているものではありません。しかし、以下にあげるような暴力団員や反社会的勢力によって犯されやすい犯罪類型もこれに含まれ、警察や司法による捜査・起訴にも直結することから、直接の規制手段としてとても重要です。違反に対しては下記のとおり懲役刑などの重い刑罰が科され、重要な役割を果たしています。

刑罰の種類	罪名（条文番号）
10年以下の懲役	詐欺（246）、恐喝（249）
3カ月以上7年以下の懲役	逮捕及び監禁（220）
3カ月以上5年以下の懲役	私文書偽造等（159）
3年以下の懲役又は50万円以下の罰金	信用毀損及び業務妨害（233）、威力業務妨害（234）
3年以下の懲役	強要（223）
2年以下の懲役又は30万円以下の罰金	脅迫（222）
2年以下の懲役若しくは30万円以下の罰金又は拘留若しくは科料	暴行（208）

3　組織的な犯罪の処罰及び犯罪収益の規制等に関する法律（組織犯罪処罰法）

　組織犯罪処罰法は、暴力団などによって組織的に行われる犯罪について特に厳しく罰することや犯罪によって得られた収益の没収について定めるものです。組織的な犯罪の場合、収益は組織へと移転して組織が利益を得る反面、実行行為者には利益がとどまっておらず回収できませんので、実行行為者だけを罰してもトカゲのしっぽ切りで終わってしまい、組織に対しては打撃になりません。そのため、組織犯罪処罰法は、トカゲのしっぽ切りで終わらせず、違法な収益をその移転先からも没収できると定めることで、組織が違法な収益をとどめておけないように規制するものです。「組織的な犯罪」とは暴力団を念頭においたものであり、金銭面から暴力団の弱体化をめざした重要な法律です。

4　犯罪による収益の移転防止に関する法律

　組織と収益に着目した法律として「犯罪による収益の移転防止に関する法律」があります。これは、主にマネー・ロンダリングを規制する法律です。マネー・ロンダリングとは、簡単にいうと、犯罪行為による収益が没収されることなどを防ぐために、賭博や麻薬の売買などによって得た違法な収益を、金融機関などで架空名義を利用した送金などを繰り返すことにより、お金と犯罪行為とのつながりをわからなくする行為といってよいでしょう。

　この法律は、金融機関など特定事業者に対し、取引を行う相手の本人確認を義務づけ、疑わしい取引を行政庁に届け出ることなどを要請し、捜査機関等への情報提供なども定めています。組織犯罪処罰法とあわせて、収益面から暴力団や反社会的勢力を規制する重要な法律です。

5　暴力団員による不当な行為の防止等に関する法律（暴力団対策法、暴対法）

(1)　暴対法で禁止される行為

　暴対法は、平成4年3月1日に施行されました。これは、禁止行為を定めただけではなく、誰が行うかという行為主体（指定暴力団員等[19]）と、その主体により行われる行為内容で限定して規制しています。行為主体を限定することによって、暴力団の威力を示して金銭を要求するというような刑法では犯罪に該当するかどうか難しいグレーゾーンの行為についても、暴対法で規制することが可能となったのです。なお、「暴力団の威力を示して」とは、組として行為をしているときだけでなく、「俺は組の者だ」と述べるなど、背後に暴力団が関係していることを示すことで足ります。暴力団の名刺を差し出して要求を行うことなどはその典型です。

　主に禁止される行為は以下のものです。

① 暴力的要求行為（9条）　指定暴力団に指定された暴力団の構成員が、その団体の威力を示して以下の行為等を行うこと。

　ⓐ　口止め料などとして金品を要求すること

　ⓑ　寄付金・賛助金等名目での不当な贈与要求

　ⓒ　請負などへの参入の不当な要求

　ⓓ　みかじめ料・用心棒代等の要求

　ⓔ　高利債権取立行為

② 指定暴力団員自ら行わず、他人を用いて上記の行為をさせることも準暴力的要求行為として禁止されています（12条の3）。

　こうした行為を行った場合、都道府県公安委員会から中止命令（11条1項）や再発防止命令（同条2項）などが出され、その命令にも違反した場合には、

19　第3章Q1参照。

3年以下の懲役もしくは罰金が科せられます（46条）。

(2)　平成20年改正暴対法

　平成20年の改正によって、暴力団代表者等の損害賠償責任（31条の2）の規定も加わりました。これは、暴力団員が威力利用資金獲得行為を行うにあたって他人に損害等を与えた場合には代表者に賠償する責任を負わせるというもので、「組長責任」といわれています。

　以前は、下位の組員の行為により損害を被っても、当該組員は賠償能力がないため泣き寝入り、ということもありましたが、この規定により、資金力のある指定暴力団代表者等に賠償を求めることができるようになりました（組員としてみれば、代表者という暴力団の中では絶対的な力をもつ者に賠償責任を負わせるということは大変なことなのです）。

　暴力団の威力を示して行為を行うこと自体が規制されただけでなく、組長が賠償責任を問われることもあるということからでしょうか、昨今では、暴力団がその代紋や名刺を出しておおっぴらに暴力団構成員であることを示すことは減少してきています。

　なお、上記の暴力団代表者等の損害賠償責任は、被用者（会社の従業員など）が第三者に損害を加えたとき、使用者（この場合会社）がその責任を負うという民法上の使用者責任（民法715条）を、暴力団に適用しやすく定めたものといえます。

　使用者責任とは、使用者が従業員によって利益を得ている場合には、従業員が生じさせた損害であっても、使用者が責任を負うという考え方です。

　暴力団組織は、1次団体の構成員が2次団体組長、2次団体の構成員が3次団体の組長というように無数に連なって、ピラミッドの集合体のようになっており、その1つひとつの組自体は独立していて、全体としては、1つの会社のような一体構造ではありません。しかし、上納金という形で利益が上部団体、そして代表へと流れていることから、最終的な利益を得る代表者（指定暴力団の組長等）に責任を負わせることを法律上明らかにしたもので

す。

(3)　平成24年改正暴対法

　各都道府県で暴力団排除条例が制定されるなど、全国で暴力団を排除しようとする動きが進む中、平成24年に暴対法が改正されました。主な改正点は以下の３つです。

(A)　特定指定暴力団に関する規定

(a)　特定抗争指定暴力団の指定

　指定暴力団同士の対立抗争により一般市民が危険にさらされることを防止するため、「特定抗争指定暴力団」に関する規定が新たに設けられました。

　指定暴力団同士の対立抗争が発生した場合で、この抗争による暴力行為が人の生命または身体に重大な危害を加える方法によるもので、かつ、抗争行為により人の生命または身体に重大な危害が加えられるおそれがある場合、公安委員会は、特に警戒を要する区域（警戒区域）を定め、該当する指定暴力団を「特定抗争指定暴力団」として指定します（15条の２）。

　特定抗争指定暴力団に指定された指定暴力団員は、警戒区域に新たな暴力団事務所を設置したり、抗争相手の事務所や居宅の付近をうろつくなどの対立抗争を誘発するおそれのある行為を禁止され（15条の３）、この規定に違反した行為には罰則があります（46条２号）。

(b)　特定危険指定暴力団の指定

　指定暴力団員等による暴力的要求行為を拒絶することで、さらに危害を加えられることを防止するため、「特定危険指定暴力団」に関する規定も追加されました。

　指定暴力団員等からの暴力的要求行為を拒絶した場合で、その暴力的要求行為が凶器を使用した人の生命・身体に重大な影響を与えるものであり、かつ、この指定暴力団員の所属する指定暴力団員等が繰り返し継続して同様の暴力行為を加えるおそれがある場合には、公安委員会が、警戒区域を定めて当該指定暴力団を「特定危険指定暴力団」と指定します（30条の８）。

　特定危険指定暴力団に指定された指定暴力団員等が暴力的要求行為を行った場合には罰則があり（46条3号）、また、公安委員会は、指定暴力団員が暴力的要求行為を行う目的での面会の要求等について中止命令を出すことができます（30条の9・30条の10）。

　(B)　罰則や規制範囲の強化

　　(a)　罰則の強化

　これまで規定されていた暴対法の罰則が強化されました。具体的には、これまで最高刑が懲役1年以下であったものが懲役3年以下に、100万円以下の罰金であったものが500万円以下の罰金に大幅に引き上げられました。

　　(b)　暴力的要求行為の範囲の拡大

　金融業や不動産業において暴力団排除の取組みが進む中、預貯金の取引や宅地の売買行為等を要求する行為も暴力的要求行為に追加されました（9条12号等）。

　(C)　適格都道府県センターによる暴力団事務所の使用差止請求

　これまで、暴力団事務所の使用差止めを求める訴訟を起こす場合には、地域住民が訴訟の当事者となる必要がありましたが、暴力団からの報復を恐れて訴訟に踏み切ることが困難でした。平成24年の改正により、都道府県暴力追放運動推進センターが国家公安委員会の指定を受けることを条件に、暴力団事務所の使用差止めを求める地域住民の委託を受けて、暴力団事務所の使用を差し止める訴訟を起こすことができるようになりました（32条の4）。

6　その他各種業法による規制

(1)　行為規制以外の規制方法

　規制の方法としては、行為を規制するだけではありません。各種の業法において、資格を与えない、許可を与えない、（暴力団員等を）使用させないといった形での規制もあります。以下、暴対法の規定を援用して参入規制（免許を与えない、欠格事由と定める）をしているもの、暴力団員等の使用を禁止

しているもの等についてご紹介します。

　以下、規制の対象の定め方により分類して紹介します。

(2)　処罰歴を基準に規制を加えている法律

　以下の法律では、暴対法違反により罰金の刑に処せられ、その執行を終わり、または執行を受けることがなくなった日から5年を経過しない者の関与を禁止しています。

　なお、以下の法令のうち、＊のついた法律は、暴対法で規定する暴力団員および暴力団員でなくなった日から5年を経過しない者（以下、「暴力団員等」といいます）を「紛争解決等業務に従事させ、又は紛争解決等業務の補助者として使用してはならない」と定めています。事業者に暴力団員等を使わせないというものですから排除を進めるものといえるでしょう。

　信託業法　＊

　保険業法　＊

　金融商品取引法　＊

　資金決済に関する法律

　電子記録債権法

　社債、株式等の振替に関する法律

　著作権等管理事業法

　資産の流動化に関する法律

　不動産特定共同事業法

　港湾労働法

　労働者派遣事業の適正な運営の確保及び派遣労働者の保護等に関する法律

　建設労働者の雇用の改善等に関する法律

　障害者の雇用の促進等に関する法律

　酒税法

> 宅地建物取引業法
>
> 港湾運送事業法
>
> 投資信託及び投資法人に関する法律
>
> 建設業法
>
> 船員職業安定法
>
> 職業安定法

(3)　人の属性と処罰を基準に規制を加えている法律

　以下の法律では、前記(2)に該当する者に加え、暴力団員等という人的属性をもつものが関与することを禁止していますので、(2)よりも規制の対象はさらに広くなります。

> 公益社団法人及び公益財団法人の認定等に関する法律
>
> 使用済自動車の再資源化等に関する法律
>
> 貸金業法
>
> 廃棄物の処理及び清掃に関する法律
>
> 割賦販売法
>
> 関税法

(4)　その他

　このほか、柔道整復師、調理師、保健師、助産師、看護師等、免許を要する職種に関し、罰金以上の刑に処せられたことがある者に対しては免許を与えないとするものもあります。暴対法違反と限定はしていませんが、暴対法違反でも罰金以上の刑に科された場合は対象となるため、やはり参入規制として機能しているといえます。

Ⅷ　反社排除のためのハードロー②
　　──条例

1　地方公共団体の取組み

　都道府県や市町村といった地方公共団体においては、従来から、迷惑防止条例、青少年保護育成条例（青少年健全育成条例）、公営住宅や公共施設について暴力団員の利用を拒否する条例を制定し、反社会的勢力の排除に取り組んでおり、一定の成果をあげてきました。

2　暴力団排除条例

　これらの条例に加えて、近年は、反社会的勢力排除の気運が高まり、平成22年4月1日には全国に先駆けて福岡県で施行されて以降、平成23年10月には暴力団排除条例が全都道府県で施行されたほか、市町村レベルでの制定も進んでおり、現在未制定の市町村にあっても条例制定に向けた積極的な検討が行われているところです。[20]

　暴力団排除条例は、地域社会全体で暴力団の排除に取り組む姿勢を明確にするもので、地方自治体、住民および事業者の責務を明らかにするとともに、以下に述べるとおり、地域社会の安全と平穏を確保し、社会経済活動の健全な発展を促進するために必要な規制が定められています。

3　暴力団排除条例の主な内容

　各都道府県が定める暴力団排除条例の規制内容は多岐にわたりますが、主要なものは概ね共通しています。

20　平成30年末までに44都道府県内の全市町村で制定されています。

(1)　暴力団員等に対する利益供与の禁止

　暴力団への資金流入を遮断するために、暴力団員等に対し利益供与をすることを禁止するもので、以下の2つの類型を想定しています。

　1つは、暴力団の威力等を利用することの対償として暴力団員等に対し財産上の利益を提供することを禁止するものです。この規定は、表面的には暴力団との関係を隠しながら、その裏では暴力団に資金を提供する者を主な対象としています。

　もう1つは、暴力団の活動を助長し、あるいは運営に資することとなる利益の提供を禁止するものです。暴力団の活動を助長するのであれば、正当な対価を得る取引であっても禁止されますから、広く一般的な事業者にあっても注意が必要な規定です。各地の条例には、事業者が取引からの暴力団排除を実践するために有益なツールとして、取引が暴力団の活動を助長するものではないことを確認することおよび取引先との契約書に暴力団の活動を助長する取引を排除する条項（暴排条項）を導入することが、事業者の努力義務という形をとって定められています。

(2)　不動産の譲渡等をしようとする者の義務

　ひとたび暴力団事務所が開設されると、これを排除することは容易ではありません。暴力団事務所の排斥には、売買や賃貸などの契約の段階で、暴力団関係者のもとに不動産が渡らないようにして、暴力団事務所の開設を阻止することが重要です。そのための事業者の責務として、不動産契約の相手方に対して、不動産が暴力団事務所に利用されないことを確認するよう努めること、不動産が暴力団事務所に利用されることを知って取引や代理をしてはならないこと、契約内容には、不動産が暴力団事務所に利用されていることが判明した場合は、相手方に催告することなく契約を解除できる旨の条項を盛り込むよう努めることなどが規定されています。

(3)　青少年の健全な育成

　学校等の周辺200m以内など一定の区域において暴力団事務所を新規に開

設運営してはならないこと、学校等において生徒に対し暴力団に加入させないための教育等を実施することなど、青少年の健全な育成を図るための措置が講じられています。

4 特色ある規定

　各地の暴力団排除条例には、地域の暴力団情勢等を考慮した特色ある規定が設けられています。

　たとえば、特定の繁華街等を強化区域に設定している条例があります[21]。このうちの愛知県条例では、強化区域内で風俗営業等の特定接客業者が暴力団員を用心棒にすること、暴力団員にみかじめ料や用心棒代を支払うことなどを禁止して、暴力団排除のための規制を強化しています。

　兵庫県条例は、暴力団の幹部が連絡や待機等の暴力団の活動に使用する施設（準暴力団事務所）を一定の区域内で運営することを禁止するとともに、準暴力団事務所の周辺で著しく粗野な言動等を行うことを禁止しています。

　そのほか、祭礼等において行事主催者が暴力団を利用したり運営に関与させることを禁止するもの[22]、旅館等の特定の事業者に対して約款に暴排条項を盛り込む努力義務を課すもの[23]など、地域の実情に応じた措置を講じた条例は数多くあります。

5 排除ツールとしての効果

　都道府県条例および一部の市町村条例は、上記のような禁止規定に違反した者に対し、勧告をし、これに従わない者を公表するなどの措置や罰則をもって臨んでいます。

21　北海道、新潟県、山梨県、東京都、埼玉県、静岡県、愛知県、石川県、福井県、京都府、兵庫県、熊本県、沖縄県、千葉市、岡山市、松山市の各条例など。

22　愛媛県、島根県、静岡県、高知県、大分県、長野県、福山市、指宿市、山県市の各条例など。

23　三重県、群馬県、福島県、栃木県、鹿児島県、山梨県の各条例など。

　令和2年上半期における各都道府県の勧告等は、勧告54件、指導6件、公表1件、中止命令10件、再発防止命令2件、検挙33件となっていますが、[24]条例による暴力団排除の効果は、勧告や公表といった条例の適用によるものにとどまりません。条例の趣旨等が周知されることにより、自主的に暴力団との関係遮断や取引拒絶などに取り組む事業者が増加しています。各地の条例は、こういった活動にとって大きな後ろ盾となっているのです。

　また、昨今の暴力団対策にあっては、暴力団の維持運営に協力する暴力団関係企業や前述の共生者の対策が課題となっていますが、暴力団排除条例を効果的に活用することによってこれらの者を取引から排除し、社会が一体となって暴力団排除を推進していくことが期待されているのです。

IX　反社排除のためのソフトロー①
――公的規制

1　政府の取組み

　平成18年7月21日、犯罪対策閣僚会議[25]のもとに、暴力団の資金源に打撃を与えるための総合的な対策を講じるよう「暴力団資金源等総合対策ワーキングチーム」が設置されました（平成19年10月2日「暴力団取締り等総合対策ワーキングチーム」に改組）。

　このワーキングチームでは、関係府省庁と協議しながら「公共事業等からの暴力団排除」や「企業活動からの暴力団排除」等を検討し、政府より、それに沿う内容のガイドライン等が策定されています。

24　警察庁組織犯罪対策部暴力団対策課・企画分析課「令和2年上半期における組織犯罪の情勢」（令和3年4月）。

25　「犯罪対策閣僚会議ウェブサイト」https://www.kantei.go.jp/jp/singi/hanzai/

2　指針・要綱等

　指針とは、ある具体的な計画を策定し、あるいは対策を実施するなど行政目的を達成しようとする場合において、準拠すべき拠り所または準拠すべき基本的な方向、方法を行政庁が示すことをいいます。[26]

　なお、「指針」とは、ガイドライン（guidelines）の日本語訳です。

　また、指針と類似する概念として、要綱があります。要綱とは、基本的な、または重要な事柄、またはそれをまとめたものをいいます。[27]

　両者は、法的拘束力をもたないという点が特徴的です。もっとも、法律ではないため、国会を通さないので、迅速で柔軟な策定が可能です。さらには、関係する諸団体や機関に対し、あるべき方向性を指し示すことで、全体が足並みを揃えて実行することができるため、反社会的勢力排除の効果も高くなります。

　以下、政府・各府省庁が出しているガイドラインおよび要綱等をあげます。

3　具体例

(1)　企業が反社会的勢力による被害を防止するための指針[28]

　近年、暴力団は不透明化しており、目にみえない形で、経済社会に進出しています。そこで、企業の社会的責任、コンプライアンスの徹底という見地から、暴力団を含めた反社会的勢力を排除するために、「企業が反社会的勢力による被害を防止するための指針」（平成19年反社指針）が政府より策定されました。これを受け、金融庁が監督指針を改正するなど、各府省庁においても、自身が策定する指針に多大な影響を及ぼしているところです。

　具体的には、各府省庁に対し、関係業界における取引約款等に暴力団排除

26　法令用語研究会編『有斐閣法律用語辞典〔第4版〕』参照。
27　前掲（注26）参照。
28　「企業が反社会的勢力による被害を防止するための指針について」（平成19年6月19日付け犯罪対策閣僚会議幹事会申合せ）https://www.kantei.go.jp/jp/singi/hanzai/dai9/9siryou8_2.pdf

条項を導入する等の啓発促進活動を勧め、また、業種ごとの標準契約約款に盛り込むモデル作成の支援等を勧めるものです。

　また、当該指針の内容は、平素からの対応や有事の対応にまで言及されており、会社法上、取締役の責任追及における善管注意義務違反を判断する1つの要素となりうる余地があります（「蛇の目ミシン株主代表訴訟」（最高裁平成18年4月10日判決参照）。

　このように、当該政府指針は、多方面において効果を有するものです。

(2)　公共工事の入札及び契約の適正化を図るための措置に関する指針[29]

　公共工事の入札及び契約の適正化の促進に関する法律に基づき、政府により「公共工事の入札及び契約の適正化を図るための措置に関する指針」が策定されました。

　当該指針は、公共工事の入札および契約に関し、不正行為があれば国民の信頼を損ねるだけではなく、不良・不適格業者が介在し、建設業等に悪影響を及ぼすおそれがあるので、そのような事態を防止するため、各省庁の長等が、統一的、整合的に公共工事の入札および契約の適正化を図るために取り組むべきガイドラインとして定められたものです。

(3)　各府省庁における反社会的勢力による被害の防止に係る指針

　前記(1)で言及したとおり各府省庁が策定する指針・要綱等があります。たとえば、金融庁では、各種の金融機関、保険会社、金融商品取引業者等に向けられた指針[30]があり、その中で組織犯罪対策における本人確認、疑わしい取引の届出義務に並んで、反社会的勢力による被害の防止が定められており、前記(1)の指針に沿う内容が定められています。

(4)　組織犯罪対策要綱[31]

　「組織犯罪対策要綱」は警察庁が策定する要綱で、暴力団はもちろんのこ

29　「公共工事の入札及び契約の適正化を図るための措置に関する指針」https://www.mlit.go.jp/common/000162876.pdf

30　「金融庁ウェブサイト」https://www.fsa.go.jp/common/law/index.html

と、暴力団関係企業、特殊知能暴力集団および暴力団の周辺にある共生者等の取締り等についても言及されています。

(5)　その他

上記に記載したガイドライン以外にも、たとえば、通達という形式ではありますが、実務上、その通達を参考にして活動することがあるので、事実上ガイドラインや要綱等と類似の効果をもつものもあります。

4　まとめ

以上にみたとおり、さまざまな形で、反社会的勢力を社会から排除しようとする国の強い姿勢がみられます。このような政府や各府省庁のガイドライン等を受けて、地方公共団体や民間企業においても、反社会的勢力排除の動きが活発になっています。

Ⅹ　反社排除のためのソフトロー②
──私的規制（企業による取組み）

1　各業界における約款の整備

反社会的勢力排除のための取組みは、民間でも進められています。各業界においても、暴力団などの反社会的勢力とのかかわりを遮断するため、検討部会の設置や行政との連携強化を図ったり、反社会的勢力排除について申合せを行うなど、さまざまな取組みがなされてきました。

その中でも、平成19年反社指針を受け、各業界において進められてきたのが、約款の整備です。

「約款」（「普通取引約款」ともいいます）とは、企業などが不特定多数の利用者との契約を定型的に処理するためにあらかじめ作成される定型的な契約

31　令和2年4月1日付け「組織犯罪対策要綱の制定について（通達）」https://www.npa.go.jp/laws/notification/keiji/sosikihanzaitaisakukikaku/20200401sotaiki.pdf

条項のことをいいます。約款は、銀行取引、生命保険や自動車保険など同種の大量な取引をスムーズに締結するために利用されています。

　約款は、誰にでも適用される法律のような一般的な拘束力をもつものではありませんが、契約当事者間では、約款の内容も契約内容となり、契約当事者は約款の内容に拘束されます。

　以下では、標準約款の整備を中心に、各業界の反社会的勢力排除に向けた取組みを紹介します。

2　銀行業界

　全国銀行協会（全銀協）は、平成19年反社指針が公表された直後の平成19年７月に、「反社会的勢力介入排除に向けた取組み強化について」[32]という申合せを公表し、早くから反社会的勢力排除の取組みに着手しました。その後、平成20年３月に金融庁が監督指針を改定し、金融機関に対し、契約書や約款への暴力団排除条項の導入を求めたことなどを受け、全銀協は、平成20年11月に銀行取引約定書（法人や個人事業主が銀行から事業資金の融資を受ける際に、最初に銀行と交わす基本約定書）に盛り込むべき暴力団排除条項の参考例[33]を、会員銀行や各地銀行協会に示しました。

　この参考例には、次のような条項が盛り込まれています。

①　融資を受ける者またはその保証人は、暴力団、暴力団員、暴力団準構成員、暴力団関係企業、総会屋等、社会運動等標ぼうゴロまたは特殊知能暴力集団等、その他これらに準ずる者に該当しないことを表明し、かつ確約する（属性要件）。

②　融資を受ける者またはその保証人は、暴力的な要求行為、法的な責任を超えた不当な要求行為、取引に関して脅迫的な言動をし、また暴力を

32　一般社団法人全国銀行協会「反社会的勢力介入排除に向けた取組み強化について」（平成19年）https://www.zenginkyo.or.jp/news/2007/n2897/

33　「銀行取引約定書に盛り込む場合の暴力団排除条項の参考例について」https://www.zenginkyo.or.jp/fileadmin/res/news/news201125.pdf

用いる行為、風説を流布し、偽計を用いまたは威力を用いて銀行の信用を毀損し、または銀行の業務を妨害する行為、その他これらに準ずる行為を行わないことを確約する（行為要件）。

③　①または②に該当し、または①②に関し虚偽の申告をしたことが判明した場合は、直ちに借入金を弁済しなければならない。

そして、全銀協は、平成21年9月に、普通預金規定、当座勘定規定および貸金庫規定に盛り込むべき暴力団排除条項の参考例[34]を示しました。

これによって、融資を受ける場合の約款だけでなく、預金口座開設や貸金庫利用のための約款についても参考例が示され、銀行取引からの反社会的勢力の排除の対象が広がりました。

さらに、平成23年6月には、暴力団を中核とする反社会的勢力が暴力団の共生者等を利用しつつ不正に融資等を受けることにより資金獲得活動を行っている実態に対処するため、上記①に加えて、元暴力団員や共生者（暴力団員等が経営に関与している会社や個人、暴力団員等を利用したり便宜を供与している会社や個人）なども排除対象とした暴力団排除条項の改正参考例[35]が示されました。これにより、排除対象となる者の範囲が拡大されました。

以上のように、銀行取引に関する暴力団排除条項の参考例が公表されたことにより、加盟各行の約款に暴力団排除条項が順次導入され、実際に、暴力団の組長の普通預金口座を解約したという事例も報告されています[36]。

3　保険業界

生命保険業界においては、生命保険協会（生保協会）が、平成23年6月に「生

34　「普通預金規定等に盛り込む暴力団排除条項の参考例について」https://www.zenginkyo.or.jp/fileadmin/res/news/news210924.pdf

35　「銀行取引約定書に盛り込む暴力団排除条項参考例の一部改正」https://www.zenginkyo.or.jp/fileadmin/res/news/news230602_1.pdf、「当座勘定規定に盛り込む暴力団排除条項参考例の一部改正」https://www.zenginkyo.or.jp/fileadmin/res/news/news230602_2.pdf

36　「平成22年の暴力団情勢」　　https://www.npa.go.jp/sosikihanzai/bouryokudan/boutai/h22_bouryokudan.pdf

命保険業界における反社会的勢力への対応指針」[37]を公表し、生命保険会社が取引を含めて反社会的勢力と一切関係をもたないことが宣言されました。そして、平成24年1月には「反社会的勢力への対応に関する保険約款の規定例」とその解説[38]が公表され、順次生命保険契約に導入されており、生命保険契約における反社会的勢力の排除が進んでいます。

この規定例には、暴力団、暴力団員、元暴力団員、暴力団関係企業その他の反社会的勢力、反社会的勢力の共生者であることが判明した場合は、保険契約を解除することができることが規定されています。暴力団や暴力団員に限らず、共生者まで排除の対象としている点は、銀行取引の約款と共通しています。

また、保険契約者、被保険者または保険金受取人が反社会的勢力等であることを理由に保険契約が解除された場合、保険金が支払われるべき事由（保険事故といいます）が発生していた場合でも、保険金を支払わず、またすでに保険金を支払っていた場合にはその返還を請求できることが規定されています。

4　建設業界

暴力団取締り等総合対策ワーキングチームが、平成21年12月に「公共事業等からの暴力団排除の取組について」[39]を策定し、政府が公共工事および民間工事における契約書や約款に暴力団排除条項を導入することに向けて取組みを行うことが示されました。

これを受けて、日本建設業連合会から、平成22年4月に「暴力団排除条項

37　「生命保険業界における反社会的勢力への対応指針」https://www.seiho.or.jp/activity/guideline/pdf/hansya.pdf

38　「反社会的勢力への対応に関する保険約款の規定例」https://www.seiho.or.jp/activity/moral/pdf/moral_01.pdf

39　「公共事業等からの暴力団排除の取組について」　https://www.kantei.go.jp/jp/singi/hanzai/kettei/091222/haijo1.pdf

に関する参考例（ひな型）」[40]とその解説が公表されました。

　この参考例では、下請業者（数次にわたる場合は一番下の業者まで含まれます）の規制を念頭において、次のような規定がおかれています。

　まず、下請業者またはそのさらに下請業者の代表者等が、暴力団や暴力団員等の反社会的勢力および反社会的勢力の共生者であった場合は、元請業者は何らの催告を要さずに、契約を解除できることが規定されています。排除対象が共生者を含む点において銀行取引や保険契約の約款と共通しています。また、何らの催告もせずに解除ができることが明記されていることにより、反社会的勢力の介入を予防・抑止する機能が強化されているといえます。

　また、下請業者が反社会的勢力等に該当することを理由に契約が解除された場合、下請業者側に損害が生じた場合でも元請業者はその損害を賠償する必要はなく、逆に、元請業者側に損害が生じた場合は、下請業者側はその損害を賠償しなければならない旨が規定されています。つまり、反社会的勢力側が一方的に損害賠償義務を負うことになります。

　さらに、下請業者が反社会的勢力から不当要求や工事妨害を受けた場合は、元請業者に通報し、元請業者の捜査機関への通報や発注者への報告に必要な協力を行う旨も規定されていますし、下請業者が反社会的勢力でないことを表明し、かつ確約する条項も盛り込まれています。

5　不動産取引業界

　平成21年3月に、国土交通省から「不動産取引からの反社会的勢力の排除のあり方検討会—とりまとめ—」[41]が公表され、約款等への暴力団排除条項の導入にあたっての課題や、導入後の実効性の確保についての検討結果などが示されました。その後、平成19年反社指針や、この取りまとめを受けて、平

40　「暴力団排除条項に関する参考例（ひな型）」https://www.nikkenren.com/about/haijo.html
41　「不動産取引からの反社会的勢力の排除のあり方検討会－とりまとめ－」https://www.mlit.go.jp/report/press/sogo16_hh_000017.html

成23年6月に不動産流通4団体（全国宅地建物取引業協会連合会、全日本不動産協会、不動産流通経営協会、日本住宅建設産業協会）により「不動産売買、住宅賃貸及び媒介各契約書に係る暴力団等反社会的勢力排除のためのモデル条項」[42]が公表されました。

このモデル条項では、反社会的勢力やその共生者でないこと、相手方に脅迫的な言動などをしないことを契約時に確約することが規定されています。この点は、売買、賃貸借、媒介契約で共通しています。

さらに、売買、賃貸借契約のモデル条項には、契約した物件を反社会的勢力の活動拠点に供しないことを確約することが規定されています。

そして、これらの確約に反した場合は、契約の相手方が何らの催告を要せずに契約を解除できるとされています。

加えて、売買契約のモデル条項においては、上記確約に違反したことを理由に契約が解除された場合は、相手方に対し、違約金として売買代金の20%を支払うこととされています。さらに、確約違反の中でも、不動産の買主が買受不動産を反社会的勢力の活動拠点に供したことを理由に契約が解除された場合、解除された者は、相手方に対し、20%の違約金に加え、売買代金の80%の違約罰を支払わなければならないと規定されています。つまり、売主は、売買代金の全額を、この違約金と違約罰の請求権とを相殺することによって、返還しなくてもよいということになるのです。

このような条項は、反社会的勢力に対し、強力な抑止力になるものと思われます。

また、平成23年9月には、不動産協会からも売買および賃貸借における暴力団排除条項のモデル例[43]が公表されました。

このモデル例も、反社会的勢力等でないこと、脅迫的な言動等をしないこ

42　「不動産流通4団体による、不動産取引からの暴力団等反社会的勢力の排除に向けた取組について（暴力団等反社会的勢力の排除のためのモデル条項の導入）」https://www.mlit.go.jp/totikensangyo/const/sosei_const_fr3_000013.html

との確約に反した場合、催告なしに解除することができることが規定され、解除された場合、売買代金の20％を違約金として支払わなければならないことが規定されています。

　加えて、確約に違反した場合、売主は、不動産の鑑定評価額から、鑑定費用・原状回復費用等を差し引いた金額で、その物件を買い戻すことができるという、再売買の予約の条項が盛り込まれています。

6　その他の業界

　証券業界においては、日本証券業協会（日証協）が、平成22年5月に自主規制規則である「反社会的勢力との関係遮断に関する規則」[44]を制定し、証券取引の契約書または取引約款等に暴力団排除条項を盛り込むこと等を義務化して、協会員である各社に暴力団排除条項の導入を徹底しています。

　また、ホテル業界においても、平成23年9月に、観光庁が旅館業の営業者に示しているモデル宿泊約款を改正し、暴力団排除条項をモデル宿泊約款に盛り込みました。

　その他の業界においても、平成19年反社指針など、企業活動からの反社会的勢力排除の流れを受けて、標準約款に暴力団排除条項を導入する動きが進み、さまざまな取引において反社会的勢力の排除が徹底されつつあるのです。

XI　これからの反社会的勢力排除のあり方

1　企業における反社リスクとは

　反社リスクとは、企業が直接的に反社会的勢力と接触し、交渉を有することによって生じうる不利益、または、企業が外部から反社会的勢力と評価され、あるいは反社会的勢力と密接に取引していると評価されることによって生じる不利益をいいます。

　平成19年反社指針との関係でいえば、「企業が反社会的勢力と直接あるいは間接的な関係を維持すること（＝取引を含めた一切の関係遮断をしなかったこと）の危険性」ということもできます。

2　拡大する反社リスク

(1)　不当要求被害

　ここでは、企業が反社会的勢力からの不当要求を受けて営業活動が混乱・停滞し、企業としてその対応に苦慮することを「不当要求被害」と分類します。

　反社会的勢力が取引相手や訪問者となって、会社に対して不当な要求を突き付けてきたときに、会社の業務が混乱したり、金品を脅し取られたりするのが典型例です。

　このような不当要求被害についての反社リスクは、反社会的勢力対応マニュアルを作成し、そのマニュアルを実践するという対応策が有効です。

(2)　レピュテーション・リスク

　もしも企業が、警察や不当要求情報管理機関その他の各界データベースに「反社会的勢力」と登録された場合、金融機関や取引先は、反社会的勢力と評価された企業とはその後の取引を拒絶、あるいは取引量を減らして距離をおこうとするでしょう。そのような事態は、会社が反社認定された場合だけ

でなく、グループ会社が反社評価を受けた場合でも同様に起こりうる事態です。そうなれば、会社の営業活動は、すぐに立ち行かなくなるでしょう。

このようなレピュテーション・リスクの対策として、警察OBや民事介入暴力に精通した専門家で組織する第三者調査委員会を設置し、その調査過程と調査結果を内外に公表して、原因の究明と信頼回復に努めることがあげられます。しかし、風評被害を回復するには、風評が実体を伴わないものであること、つまり会社が反社会的勢力ではないことを十分に立証しなければならず、それは困難を極めます。運よく風評の虚偽性を立証できたとしても、そのときまでに時間がかかれば会社が生き長らえている可能性は低いでしょう。

では、レピュテーション・リスクに対する有効な予防策とは何でしょうか。それは、究極的には反社会的勢力であると評価されにくい企業（反社リスクに強い会社）にするしか方法はありません。企業のウェブサイト等で反社決別宣言を行い、それを外部に公表し、内部に浸透させることが必要です。また、すべての基本契約書に暴力団排除条項を導入し、取引の相手から、反社会的勢力でないことの表明・確約書もとりましょう。

あらかじめ、警察OBや民事介入暴力に精通した専門家で組織されるコンプライアンス委員会を創設し、反社会的勢力排除に向けた継続的かつ真剣な取組みを実践し続けることも有用でしょう。

(3)　反社認定の連鎖被害

自社が反社認定されないことはもちろん、取引先が反社認定されないことも自社にとって重大な関心事です。

それは、取引先が「反社会的勢力である」との社会的評価（レッテル）を受けて、その経済活動が停止・低迷すれば、自社からみれば取引先の倒産リスクが高まることを意味するからです。また、取引先との関係が密接であれば、取引先のレッテル（ないしレピュテーション）は自社へも波及する結果、自社のレピュテーション・リスクが高まることも考えられるからです。

　さらには、取引先に接近した反社会的勢力は、その取引先を介して自社とも間接的な取引関係を築いたといえるわけで、その反社会的勢力が自社へアプローチし、不当要求へと発展していく可能性（不当要求リスク）も高まるでしょう。

　このように、経済取引社会における隣人が反社認定されたことにより生じうる被害を「反社認定の連鎖被害」と分類できます。

　反社認定の連鎖被害に備える対策としては、取引先の反社リスクを自社へ波及させないために、取引先との基本契約書に反社会的勢力排除条項を完備し、有事の際にはいつでも取引関係を終了させることができる体制をつくっておくことが考えられます。また、取引に際して反社会的勢力でないことを確認し、必要に応じて「反社会的勢力でないことの表明・確約書」を差し入れさせておけば、有事の際に直ちに契約解除に踏み切ることができるでしょう。

＊コラム＊

▷**不当要求情報管理機関**

　暴対法では、各都道府県の暴力追放運動推進センターの行う事業として、不当要求情報管理機関の業務を助けることがあげられています（32条の3第2項8号）。ここでいう不当要求情報管理機関とは、不当要求に関する情報の収集および事業者に対する当該情報の提供を業とする者をいいます（同号）。

　必要な体制が整備されている不当要求情報管理機関については、都道府県暴力追放運動推進センターが確実に援助を行うことができるようにするとともに、不当要求情報管理機関についてあるべき水準を示すことによりすべての不当要求情報管理機関がこれに達するようにすべく、一定の要件を満たす不当要求情報管理機関を公安委員会が登録する制度が設けられています（不当要求情報管理機関登録規程）。過去には競艇保安

協会や競馬保安協会等が登録され、平成21年には日本証券業協会が登録されました。

　国家公安委員会規則においては、都道府県暴力追放運動推進センターは、登録を受けた不当要求情報管理機関から援助の申出があったときは、

①　不当要求による被害を防止する方法について資料を提供し、または助言すること

②　暴力団もしくは暴力団員の活動の状況または不当要求の実態について教示すること

③　不当要求を受けた場合の警察等への連絡方法について教示すること

等の措置を迅速かつ適切にとるよう努めるべきことが定められています（暴力追放運動推進センターに関する規則10条）。

3　反社リスクに強い会社＝アンチ反社の企業ブランドを

　反社リスクに強い会社にするためには、まずは反社会的勢力との決別を内外に宣言することから始めましょう。実際に、反社決別宣言をウェブサイトなどで対外的に公表している企業は少なくありません。

　次に、反社会的勢力からのアプローチに備えて、社内に対応マニュアルを整備すること、さらにはそのマニュアルどおりに対応できるよう訓練することも重要です。社内で使用する取引契約書には反社排除条項を入れて、さらに、取引先から反社会的勢力でないことの確約・表明も受けましょう。そうすれば、反社会的勢力と知らずに取引関係に入ってしまった場合でも、その暴力団排除条項を適用して契約の解除や無効を主張することができます。

　間違っても自社が反社評価を受けることがないように、考えうる反社会的勢力排除の方策はすべて実践しましょう。また、自社だけでなく、自社の取引先に対しても反社会的勢力排除体制がとられているかも気を配る必要があります。

　反社会的勢力とのかかわりを断ち、反社会的勢力とはできるだけ遠い距離を保ちましょう。

　より積極的な反社会的勢力排除対策も考えられます。それは、「反社会的勢力に与しない」「アンチ反社」という企業イメージ・企業ブランドを創り上げて、それを外部へ発信し続けることです。そのためには、強度な反社会的勢力排除体制を確立し、維持し続けることが前提ですし、不断の努力で改善し続けることが重要です。アイデアの1つとして、コンプライアンス委員会をつくって、反社会的勢力排除を中心とした法令遵守に取り組ませることもあります。

　こういった反社会的勢力排除の取組みも外部に発信し続けるというイメージ戦略の先に、「アンチ反社」の企業ブランドが生まれるでしょう。

　反社リスクに強い会社となるためには、常に反社会的勢力と距離をおき、反社会的勢力とのかかわりが生じうる可能性が極小化するような不断の努力が求められるのです。

第2章

反社排除の実務・事前排除編

I　事前排除──総論

1　事前排除と事後排除

　第1章で述べたとおり、近時反社会的勢力を排除する必要性は急速に高まってきています。しかしその一方で、私たちの日常で反社会的勢力と接する機会は多いとはいえず、また、その具体的な排除のあり方について必ずしも明らかになっているとはいえません。私たちは、どのように反社会的勢力を排除すればよいのでしょうか。

　反社会的勢力の具体的な排除のあり方を考えるための視点として、事前排除と事後排除という枠組みを想定することができます。事前排除というのは、取引の相手方やオフィスへの訪問者等が反社会的勢力であることが判明する前から、あらかじめ排除のための対策を立て、実行することであり、暴力団排除条項（暴排条項）や不当要求対策マニュアルの整備などを典型例としています。事後排除というのは、取引の相手方やオフィスへの訪問者等が反社会的勢力であることが判明した後で反社会的勢力対応を実行することであり、契約解除や仮処分申立てが典型例といえます。

　「企業が反社会的勢力による被害を防止するための指針」（「平成19年反社指針」）においても、事前排除と事後排除の区別と同じような区別がなされており、それぞれ「平素からの対応」「有事の対応」という言葉で表現されていて、その内容は参考になります。

2　事前排除と事後排除の補完関係

　ここで重要なのは、事前排除と事後排除は相互に補い合う関係にあり、いずれか一方では十分に排除できないという点です。たとえば、暴排条項を完備し、マニュアルを整備するとともに研修がなされていれば反社会的勢力の

排除は完璧でしょうか。第1章でも述べたように、反社会的勢力は、資金の獲得をその重要な行動原理の1つとしており、法制度や社会の状況に応じてその姿を変えていきます。典型的には暴力団の資金獲得活動についてそうであるように、規制と規制破りはいたちごっこであり、これで完璧という事前排除はあり得ません。事前排除のあり方は、常に事後排除において事件を通して得られた新たな知見を吸収しつつ、常に模索され続けなければならないのです。

　また、事後排除が可能であったとしても、それだけでは十分ではありません。暴排条項の整備がなされていればより容易または効果的に排除ができていたというケースも散見されますし、マニュアルが整備されていれば、現場の拠り所となり、現場で対応する人々のストレスや被害が軽減されることは明らかでしょう。

　結局、事前排除と事後排除はどちらかをしておけば足りるというものではなく、どちらもしておくことによってより実効的な反社会的勢力の排除が可能になるという関係にあるのです。

II　事前排除の注意点

1　事前排除における注意点

　前記Iのとおり、事前排除は事後排除と一体になって反社会的勢力の排除の効果を高めるものです。それでは、この事前排除というのは、どのような点に気をつけて進めていけばよいのでしょうか。以下で注意点を考えてみましょう。

(1)　反社と名乗らない相手に対しても使える内容

　暴排条項であれ反社対応マニュアルであれ、それを実際に対応する最初の時点では相手が反社会的勢力なのかはわからないのが一般です。たとえば、

新規の取引先の雰囲気に違和感があるがそれが何なのかはよくわからない場合、あるいは、オフィスへの来訪者がクレームをつけてきているが、何者なのかがよくわからない、といった場合です。

　極端な例ですが、相手が自らのことを暴力団の構成員であると名乗って金品を請求してきたのであれば、その時点で警察に委ねてしまうことも考えられるのであり、その意味で対応策の選択に悩むということは比較的少ないのかもしれません。

　しかしポイントは、そのように相手がはっきり反社会的勢力を名乗っていない大多数の場合であっても排除できる体制でなければならないということなのです。

(2)　事前排除それ自体で反社会的勢力を排除できなくてはならない

　最終的な目的が反社会的勢力の十分な排除ですから、事前排除は、それ自体である程度反社会的勢力を排除するものでなくてはなりません。

　反社会的勢力は、第 1 章でも述べたとおり、一度「うまみ」を感じた相手からは徹底的に利益を搾り取るとともに、問題が公になることを嫌いますから、相手を選びます。

　私たち市民が毅然とした対応をとることを公言し、決して曖昧な対応をとらないという態度を明確にするとともに、それらのシグナルを発信するだけでなく実行する体制が現実にできているとわかれば、反社会的勢力はそのような相手を「カネにならない」相手として敬遠するため、それ自体に反社会的勢力排除の効果があります。逆にいえば、事前排除の体制が構築できていなければ、反社会的勢力にとって与しやすい相手であるとのシグナルを発信することになりかねませんし、たとえ体制構築自体はできているとしても、それが形だけのもので実際には機能しないとわかれば、反社会的勢力にとっては事前排除の体制がないのも同様だということです。

(3)　事後排除を見据えたものでなくてはならない

　上記のとおり、事前排除も事後排除もそのどちらかだけで反社会的勢力を

完璧に排除できず、両者が補い合う関係であることを考えれば、事前排除は、それ自体である程度反社会的勢力を排除するにとどまらず、事後排除を容易かつ効果的にするものでなくてはなりません。

たとえば、事後排除では、警察の協力や裁判所による仮処分命令等が可能か否かを手段の１つとして検討することになりますが、それには不当要求がなされたことを立証するための証拠が必要になる場合があります。マニュアルの中で録音や報告書の作成等がなされていれば、有力な証拠になります。また、取引関係から反社会的勢力を排除する際に、契約書に暴排条項が定められている場合には、そのような条項がない場合に比べて排除が容易になる場合もあります。

このように、事前排除と事後排除を完全に区別して考えることは適当ではなく、事前排除は事後排除を見据えたものでなくてはなりません。

2　注意点のまとめ

後記Ⅲ以降で述べる事前排除の諸手法は、最初に作って終わりというものではなく、定期的にあるいは必要に応じて見直し、よりよいものにしていくべきものです。その際には、ここに述べたような注意点を意識していくことが望ましいといえるでしょう。以下にまとめておきます。

①　反社会的勢力であるかが不明なものに対しても通用するか

②　その手法の整備・構築により、反社会的勢力に対して排除のメッセージを明確に発信できているか

③　その手法により、事後排除が容易になっているか

これらの注意点は、漠然と考えるのではなく、具体的に考えましょう。できる限り具体的に取引先やオフィスへの来訪者が反社会的勢力やそれと疑われる者であるケースを想定し、実際に導入する手法で具体的にどのようにして排除できるのかということが危機管理として重要です。

Ⅲ　事前排除の手法①
──反社排除体制の構築と運用

1　反社排除体制の構築・運用の必要性とそのあり方

　これまでみてきたように、反社会的勢力は、資金獲得を主要な行動原理とする「プロ集団」です。しかし、我々市民や一般企業等とすれば、日常生活や日々の経済活動等で反社会的勢力による民事介入暴力に出くわすことは多くありません。つまり、反社会的勢力はプロ集団としてノウハウを蓄積し巧妙化する一方で、市民や企業側は、実態がわからず見えない恐怖に怯えることになります。そこで、市民・企業の側も平時から反社対応を想定し、有事のときに落ち着いて迅速かつ効果的な対応ができるような体制を構築・運用する必要があります。

　そうはいっても、企業や団体の規模も千差万別ですから、対策も異なります。対策を考えるうえでは、反社会的勢力とかかわった場合にどのようなリスクがあり、どう防衛すべきかから考えましょう。反社会的勢力とかかわった場合に共通していえることは、反社会的勢力による民事介入暴力が組織のマネジメントに対する重大なリスクであること、反社会的勢力による不当要求に屈することは組織の運営の有効性や効率性を害すること[1]、不正に加担することは自らの法令等の不遵守につながること、必要のない支出で資産が組織外に流出することがあげられます。これらを防止する効果的な手法をどう構築するかということですが、近年、よく聞かれるようになった「内部統制」の手法を用いることは個々の反社対策構築に有効と考えます。以下では、反社排除体制の構築・運用に必要な範囲で内部統制の手法をどう利用できるかなどを考えていきましょう。

1　暴力団員がオフィスを訪れ、延々とクレーム対応を要求する例を思い浮かべればよいでしょう。

2　内部統制を通してみた反社対策

(1)　内部統制の定義と反社対策

　内部統制とは、「基本的に、業務の有効性および効率性、財務報告の信頼性、事業活動にかかわる法令等の遵守並びに資産の保全の4つの目的が達成されているとの合理的な保証を得るために、業務に組み込まれ、組織内のすべての者によって遂行されるプロセス」と定義されます。この定義は元々、米国で提案されたCOSO（トレッドウェイ委員会支援組織委員会）の内部統制報告書[2]（以下、「COSO報告書」という）を前提としながら、日本の実情を反映したものです。[3]

　内部統制はプロセスであることから、いわゆるPDCAサイクル[4]（Plan（計画）－Do（実行）－Check（評価）－Act（改善）のサイクル）で、運用し続けねばなりません。反社対策も同様で、各団体で対策マニュアルを整備するだけでなく、そのマニュアルに基づいて行動し、その行動を目的適合性の観点から事後評価を加えたうえで、当該マニュアルを使いやすく効果的なものへと改訂する、そして、さらに効果的な反社排除のあり方を探り、それにより改善されたマニュアルに基づき行動し……、という連続したサイクルで回すことが必要です[5]。マニュアルの整備だけでなく、運用、さらに改善に目を向けなくては効果的な対策はできません。[6]

　反社会的勢力との関係では、すでに、各企業や自治体で反社会的勢力によ

2　トレッドウェイ委員会支援組織委員会『内部統制の統合的枠組み　理論篇』（白桃書房、1996年）。
3　企業会計審議会「財務報告に係る内部統制の評価及び監査の基準並びに財務報告に係る内部統制の評価及び監査に関する実施基準の設定について（意見書）」（2007年、https://www.fsa.go.jp/singi/singi_kigyou/tosin/20070215.pdf）3頁、八田進二ほか『逐条解説　内部統制基準を考える』（同文館出版、2007年）。
4　－（Act）－Plan（計画）－Do（実行）－Check（評価）－Act（改善）－（Plan）－……と改善されつつ継続する政策サイクルのことです。閉じた環よりも、上昇する螺旋のイメージが適切であると思われます。
5　また、サイクルの各段階において、記録・保存が適切になされなければなりません。マニュアルだけ書面化しておけばよいというのではなく、実際の案件についての記録・保存も重要です。

る民事介入暴力を排除するためのマニュアルが整備されつつありますが、残念ながら、そのマニュアルが十分に活用されていない状況も多いのではないでしょうか。

なお、このサイクルに必要な事後評価ですが、現実に反社会的勢力の標的にならなくても、他の組織で起きた事案を利用し、自らの組織で生じたらどうなるか、といった視点を利用していきましょう。

次に、定義に列挙された4つの目的[7]との関係からも考えていきましょう。4つの目的は密接に関連していて、どれか1つを重視することだけではバランスが悪く十分ではありません。全体を調和させるようにしくみを構築・運用する必要があります。反対に、ある目的を想定して組み込まれた内部統制の具体的手法が、他の目的にも役立つことも十分あり得ます。

具体的な内部統制の整備・運用においては、個々の組織における環境や事業の特性等が異なるため、一律に示すことはできません[8]。マニュアル化は、平等、公平な対応というメリットがある反面、画一的なやり方では対応できないことや不都合が生じるからです。企業や自治体の規模によって、対応すべき内容も、内部統制の構築・運用のために投入できる資源やリスクにも差があります。マニュアル自体を全国一律にしたからうまくいくわけではないのです[9]。関係諸機関とのタテ・ヨコの情報交換により、自分たちに最適な「厚み」のマニュアルを整備・運用していきましょう[10]。最適な「厚み」のマニュ

6　この点、巷間流布している内部統制のイメージは必ずしもCOSOフレームワークやわが国におけるあるべき内部統制理念と一致していません。一部監査法人の用いるような「3点セット（業務記述書、業務フロー図、リスクコントロールマトリクス）」を準備しておけば足りる、という考え方が流布していますが、これではPDCAのうちDCAを欠くものであるばかりか、通常の業務の中に組み込まれてすらいないのです。内部統制の導入には規模に応じて一定のコストがかかることが多い以上、業務に組み込んで自家薬籠中の物として活用すべきです。この点につき、金融庁「内部統制報告制度に関する11の誤解」（2008年、https://www.fsa.go.jp/news/19/syouken/20080311-1/01.pdf）参照。

7　COSO報告書では3つの目的とされています。トレッドウェイ委員会支援組織委員会・前掲書（注1）18頁。

8　企業会計審議会・前掲（注3）3頁。

アル整備を可能にするのも先のPDCAサイクルによる検証と改訂といったプロセスとしての対応なのです。

(2)　内部統制の基本的要素と反社対策

では、実際にはどのようにして内部統制（反社対策制度）を整備・運用すればよいのでしょうか。

ヒントとなるのは、内部統制の基本的要素を意識することです。内部統制の基本的要素とは、統制環境、リスクの評価と対応、統制活動、情報と伝達、モニタリング、ITへの対応の6要素とされています[11]。

以下では、これらの基本的要素のうち、反社対策との関係で典型的に問題となる点に限って述べることとします。

(A)　統制環境

統制環境とは、「組織の気風を決定し、組織内のすべての者の統制に対する意識に影響を与えるとともに、他の基本的要素の基礎をなし、リスクの評価と対応、統制活動、情報と伝達、モニタリングおよびITへの対応に影響を及ぼす基盤をいう」とされています[12]。

簡潔にいうと、重要なのは、特に①組織のリーダーの使命感、②基本方針の策定、③組織体制の整備です。

まず①の点ですが、リーダーは、反社排除の重要性を理解・納得したうえで、断固たる対応をとるという使命感をもつことが必要です。そして、リー

9　会社法等では規模の大きい企業について内部統制が問題とされることが多い。これは、規模が大きくなるにつれて取締役の目が届かない領域が増大し、その分体制構築の必要が大きくなるためとも考えられます。ここでは、平時の対応と有事の対応を有機的に結合した反社排除体制の一手法として内部統制をとらえるものであるため、組織の規模から厳密には「内部統制」という概念が妥当せず、むしろマネジメントの直接的な善管注意義務の内容として理解されるものも同列に扱っています。ただし、COSO報告書に記載されるような厳密な内部統制システムの概念によれば、規模に応じて規律密度も異なり、小規模なら簡易な体制で足りることを許容していますから、このような商事法的な「内部統制」概念との乖離はそれほど大きくないとも考えられます。

10　犯罪対策閣僚会議幹事会「企業が反社会的勢力による被害を防止するための指針」（2007年、http://www.moj.go.jp/content/000061957.pdf）参照。

11　企業会計審議会・前掲（注3）3頁以下。

12　企業会計審議会・前掲（注3）11頁。

ダーが「民事介入暴力を許さない」というメッセージを明確に発信するこ[13]
とが、組織内の情報伝達を容易にし、担当者に1人で抱え込ませない下地を
つくるのです。また、単に宣言するにとどまらず、リーダー自ら暴排運動等
に積極的に参加し、実際に住民や社員といっしょにかかわることも望ましい
でしょう。

　次に②の基本方針の策定ですが、この中で、反社会的勢力への対応を全社
的・全庁的な決定事項とし、すべての社員・職員に周知・徹底させられる基
本方針であることが必要です。簡潔で理解しやすいものがよいでしょう。ま
た、実際にルールを順守する立場の職員の負担度やフィージビリティ（実行
可能性）も考慮することが大切です。

　③の組織体制の整備では、担当者を孤立させないことを確認しましょう。
リーダー（社長・首長）を頂点とした組織的な対応が必要となり、専門部署
を設置できればよいですが、現実には人的・物的制約から困難な場合もある
でしょう。組織的な理解は、孤立防止につながります。管理職レベルに限ら
ず現場の社員・職員を暴力追放運動推進センター（暴追センター）が主催す
る不当要求防止責任者講習などに参加させ、基礎的な共通理解をもっておく
こと、そして、講習を受けた者だけでなく周囲の社員・職員と共有しておく
ことは、基本となります。

　(B)　リスクの評価と対応

　これは、「組織目標の達成に影響を与える事象について、組織目標の達成
を阻害する要因をリスクとして識別、分析および評価し、当該リスクへの適
切な対応を行う一連のプロセスをいう」とされています[14]。

　反社対策において重要なのは、リスク評価の際「個人・組織の正当な権利
利益が侵害されていないか」という基準によって判断する必要があることで
す。騒いでいた要求者が静かになれば、その場をしのげるというメリットが

13　いわゆる暴力追放宣言はこのような観点から再評価する余地があるように思われます。
14　企業会計審議会・前掲（注3）12頁。

あります。しかし、それは他のお客様等との関係では不平等な取扱いであり、組織の公平性も損なわせるものです。対応する担当者の、その場をしのげるという短期的かつ個人的な利益を優先することなく、守るべき正当な権利利益は何かを考えて要求に応じないことが必要です。[15]

(C)　統制活動

これは、「経営者の命令および指示が適切に実行されることを確保するために定める方針および手続をいう」とされています。反社対策でいえば、この要素に対応するのはマニュアル化や職務分掌にあたります。ただマニュアルや職務分掌を理由に、担当者を孤立させることがあってはなりません。担当者が孤立させられた場合、適切な判断ができなくなり本来の命令を守れない状況を招きかねません。マニュアルは組織的に運用できるものにすべきでしょう。組織内の連携だけではありません。相手方は「暴力のプロ」であることも多く、そういった場合、無理に社員・職員のみで対応することは避け、外部機関との連携もできるよう準備しておきましょう。内部での連絡がきちんとできている場合、外部との対応も進めやすくなるという相互補完関係にもありますので、適宜検討しましょう。

(D)　情報と伝達[16]

これは、「必要な情報が識別、把握および処理され、組織内外および関係者相互に正しく伝えられることを確保することをいう」とされています。[17]

情報の伝達においては、内部および外部への情報伝達両方が必要です。内部では、特に現場からマネジメントレベルへの伝達が密にとれることが重要です。不当要求の情報が、現場の担当者もしくはその直属上司レベルで止まってしまうと、統一的・組織的な対応が困難になり現場担当者は助けを得られ

15　そもそもいったん要求が認められればエスカレートするケースも多く、「静かになる」といっても極めて短期的なものにすぎません。

16　情報「の」伝達ではなく、情報「と」伝達です。これは情報の作成段階も適切でなければならないとする趣旨です。八田ほか・前掲（注3）69頁参照。

17　企業会計審議会・前掲（注3）13頁。

ません。効果的な対応には、十分な情報共有が欠かせません。

　外部への伝達面でいえば、自治体などでの情報公開条例による情報提供を受けることは、そこで活動する民間企業などにとって有益なものとなります。これは、請求を受けた者が開示を受けられるにとどまりますが、一歩進んで、不当要求事例を広報やウェブサイト等で公開するといったことも検討してよいのではないでしょうか。もちろん、現行法制上（特に個人情報保護法制等）、どこまで、どのような形で可能かは慎重な検討を要するものではありますが、こうした形での外部への発信も視野に入れてよいように思われます[18]。

　また、企業であれば、企業内で定めた反社方針等を、ホームページなどで外部に発信することも、反社会的勢力との決別を外部に示す意味で有益でしょう。

　(E)　モニタリング

　これは、「内部統制が有効に機能していることを継続的に評価するプロセスをいう」とされています[19]。PDCAサイクルのチェックにあたる重要なポイントです。

　マニュアルの実効性だけでなく、反社対策全般が有効に機能しているかどうか絶えず確認していくことは絵に描いた餅にしないために重要でしょう。

　(F)　ITへの対応

　これは、「組織目標を達成するためにあらかじめ適切な方針および手続を定め、それを踏まえて、業務の実施において組織の内外のITに対し適切に対応することをいう」とされています[20]。

　現代における情報漏洩は企業や自治体にとって大変な脅威となっています。IT技術の躍進により情報収集が格段に容易になった分、漏洩の影響は計

18　これもメッセージ発信の効果を有するものと考えられます。
19　企業会計審議会・前掲（注3）14頁。
20　企業会計審議会・前掲（注3）15頁。

り知れません。反社会的勢力も情報を狙っています。適切な情報発信（企業がどのような反社方針で運営しているかなど）に加え、情報漏洩等を引き起こさないよう情報管理を徹底することが大切です。

3　運用継続の必要性

マニュアルはあればよいというものではありません。各組織の事業内容や規模に応じて、最適な内容の反社排除体制を構築するとともに、それを不断の努力により運用し続けていくことが求められます。

Ⅳ　事前排除の手法②
──暴排条項の整備

1　はじめに

事前排除の重要な部分を構成するのが、いわゆる暴力団排除条項（暴排条項）です。これは、平成19年反社指針や各府省庁、業界団体のガイドライン等を受けて、暴力団に限らず反社会的勢力を取引関係から排除するために取引基本契約等に盛り込まれる条項を意味します。排除される対象は暴力団やその構成員に限らず、反社会的勢力一般となりつつありますが、ここでは慣例的に用いられている「暴排条項」の用語を用いることとします。

なお、暴排条項は、平成19年反社指針では「契約自由の原則が妥当する私人間の取引において、契約書や契約約款の中に、①暴力団を始めとする反社会的勢力が、当該取引の相手方となることを拒絶する旨や、②当該取引が開始された後に、相手方が暴力団を始めとする反社会的勢力であると判明した場合や相手方が不当要求を行った場合に、契約を解除してその相手方を取引から排除できる旨」と定義されています。

2　事前排除と暴排条項

　上記のとおり、暴排条項は、取引基本契約に盛り込まれる場合をその典型例とするものですが、用いられ方はそれに限られるものではありません。不動産の売買のような1回的な契約にも盛り込まれますし、平成19年反社指針にもあるとおり約款に盛り込まれることもあります。

　暴排条項については、事前排除の一手法として理解することが適当であると思われます。事前排除については、前記Ⅱの注意点を意識すべきですが、この各注意点に即していえば、暴排条項には以下の機能をもつことが求められているといえるでしょう。

① 　暴排条項は相手が反社会的勢力であるかがわからない時点でも機能しなければなりません。相手方が反社会的勢力であることが事前に判明しているのであれば、市民には契約しない自由があるのですから、契約の締結を拒絶すれば足り、問題は少ないといえます。問題は、契約の時点では取引の相手方が反社会的勢力かどうかがわかっていない場合がほとんどである点にあります。したがって、契約の時点では相手方が反社会的勢力であるか否かはわからないということを前提に暴排条項のあり方を考える必要があります。

② 　暴排条項は、それ自体である程度反社会的勢力を排除する機能を有していなければなりません。もちろん、契約に暴排条項が整備されていることもメッセージの1つになりますが、その内容が適正なものであることにも重要な意味があります。たとえば、契約にただ「相手方が反社会的勢力である場合には、これを排除する」とあるだけでは単なるポーズととられかねないということは明らかでしょう。

　　この点、単に契約に暴排条項を盛り込むだけではなく、自らが反社会的勢力でない旨を誓約する誓約書を別途差し入れさせたりすることも、反社会的勢力が私たち市民との取引を躊躇する材料になります。この誓

約書は、事後排除においても証拠として用いること等が考えられるため、有効な手段であると考えられます。

③　暴排条項は、事後排除を容易にするものでなければなりません。暴排条項がある場合、最終的には裁判所が暴排条項の内容を解釈することになりますが、その内容が不明確であれば、「問題となっている取引の相手方は、暴排条項の定義している『反社会的勢力』にはあてはまらないから、排除することはできない」となりかねません。たとえば上記の平成19年反社指針のように、反社会的勢力が、当該取引の相手方となることを拒絶する旨や、相手方が反社会的勢力であると判明した場合等に契約を解除してその相手方を取引から排除できる旨が定められていたとしても、「反社会的勢力」とは何かが明確になっていなければ、必ずしも排除できるとは限らないのです。

このような排除できないという可能性を減少させるためには、できるだけ明確な内容で、裁判でも認められるような内容でなくてはならないと考えられます。

本書では、巻末の参考資料に、暴排条項の例と誓約書の例をあげています。本書の例を参考に、専門家とも相談しつつ最適な暴排条項を作成しましょう。

Ⅴ　事前排除の手法③
――スクリーニング・マニュアル

1　反社会的勢力のスクリーニング

かつては、暴力団をはじめとする反社会的勢力の構成員またはその家族（以下、「暴力団員等」といいます）がフロント企業の役員として登記されていたため、会社の登記事項をチェックすることにより、フロント企業をスクリーニングすることが可能でした。しかし、暴力団排除を求める気運が高まり、反社会的勢力に対する国、地方公共団体および一般社会の目が厳しくなりま

した。会社の履歴事項全部証明書（商業登記簿謄本）は、現在でも有用な資料であると考えますが、それだけでは、フロント企業などの反社会的勢力のスクリーニングとして不十分といえます。

　そこで、商業登記簿謄本によるスクリーニングを補完する技術として注目されるのが、暴力団をはじめとする反社会的勢力の実態行動原理（行為特性）に着目したスクリーニングです。

　すなわち、反社会的勢力は、総じて、上意下達が徹底され、上位構成員が下位構成員を支配し、下位から上位へ利益を吸い上げるという内部構造をもつ結果、必然的に、労働関係諸法規、社会保険制度および納税等に関する法令等を遵守できないという行為特性を有しています。そのため、当該企業が法令等を遵守しているか否かをチェックすることによって、反社会的勢力をスクリーニングすることが可能となるのです。

　具体的には、取引先（これから取引を始めようとする相手方を含みます）に対し、以下を参考に書面の提出を求め、あるいは質問をすることが、反社会的勢力のスクリーニングとして有効です。そこで、従来のスクリーニングにおいて有用であった登記事項上その他のチェック項目と共に、今後のスクリーニングにおいて有用となる行為特性に着目したチェック項目もリストアップするので、活用してください。

2　法人登記のチェック項目

(1)　法人登記の有無の確認

取引の相手方が反社会的勢力か否かを見極める際にまずなすべきことは、履歴事項全部証明書（商業登記簿謄本）の調査です。

　法人登記事項証明書は誰でも取得できます。法人登記は本店所在地を管轄する法務局になされるのが原則なので、名刺の記載か、相手方に直接聞くなどして、本店所在地を確かめておき、法人登記事項証明書を取得して確認しましょう。

（参考）　履歴事項全部証明書（商業登記簿謄本）の取り方

1　法人登記事項証明書（商業登記簿謄本）とは

　商業登記とは、商法などに規定された商人の一定の事項について商業登記簿に記載して公示するための登記をいい、法人登記事項証明書とは、かかる登記簿に記載された事項を証明した書面です（商業登記法10条1項）。

2　登記簿の記載事項

　登記簿には、会社名（商号）、所在地（本店）、事業内容（目的）、会社の規模（資本の額）、役員構成等、法令で定められている一定の事項が記載されています。

3　申請場所

　法人登記事項証明書を取得するには、本店または支店所在地を管轄する法務局で申請をします。ただし、現在は、登記情報交換システムにより、最寄りの法務局でほぼ全国の法人の登記事項証明書の交付を受けることができます。また、オンライン化されている法務局管轄の登記事項証明書等は、証明書発行請求機で請求することもできます。

4　申請に必要なもの

　①　申請書類（法務局に備付け、無料）

　②　手数料（600円。1通の枚数が50枚を超えるものについては、600円にその超える枚数50枚までごとに100円を加算した額）

　③　申請にあたり、会社の名称および所在地がわかれば、法人登記事項証明書は取得できます。

　ただし、相手方の名刺に株式会社等の法人名が記載されていたとしても、実際には法人登記がされていない場合もあります。その場合、法人登記がないのに法人を名乗っているわけですから、その段階でかなり疑わしいということになります。

(2)　登記事項の確認

　法人登記されている場合であっても、以下の事項について確認すべきです。

　(A)　「商号」欄の確認

　商号は会社名を記載したものであり、通常は何度も変更されないものです（【書式1】※①参照）。そのため、頻繁に商号変更されている場合には怪し

いということになります。反社会的勢力の中には、商号を変更したことを隠すため、管轄地域が異なる法務局へ本店所在地をいったん移転し、再度本店所在地を戻す場合もあります。そのような場合には、その会社が過去に登記していた法務局における閉鎖登記簿謄本も調べる必要があります。

　また、本店所在地と実際の活動拠点が違う場合や、本店所在地が不自然に変更されている場合にも注意を要します。

　名称と実際の営業内容が異なる場合、たとえば、△×工業株式会社としながら人材派遣業を主にしている場合にも注意が必要です。

　さらに、本店所在地とされる場所を実際に現地調査することも有益です。もしも本店所在地とされている住所に会社がなく、普通の民家やアパートの一室だったりする場合には、営業活動の実態がそこにあるかどうか、注意が必要です。

　(B)　「目的」欄

　目的欄（【書式1】※②参照）には、会社の営業目的が記載されますが、反社会的勢力では、たとえば過去長期間一定の種類の営業が目的として記載されていたのに、ある時期から営業目的が不自然に増え、しかも当初とは全く異なった業種が目的とされることがあります。なぜ業種が増えたのか、過去の業種はどうなったのか、新しい業種の中の主たる業種が何なのかを確認すべきです。

　(C)　「役員」欄

　まず、役員に名を連ねている人が暴力団員等であるかどうかをチェックする必要があります（【書式1】※③参照）。

　また、役員が暴力団員等でなくとも、役員の変遷を調べることは有益です。反社会的勢力では、過去何年にもわたり役員に再任されている人が、ある日突然、しかもほぼ全員辞めて、新たに別の人が役員になっていることがあります。このような場合は、その会社が何者かに乗っ取られた可能性が高いです。会社の目的や本店所在地などの変更も同時に行われている場合には、実

【書式1】　履歴事項全部証明書

履歴事項全部証明書

名古屋市中区丸の内九丁目８番７号
株式会社富論都商事
会社法人番号　１２３４－５６－７８９０１２

商号　※①	株式会社円満商事	
	株式会社富論都商事	平成23年５月10日変更
		平成23年５月13日登記
本店	名古屋市中区丸の内○丁目○番○号	
	名古屋市中区新栄○丁目○番○号	平成23年５月10日移転
		平成23年５月13日登記
公告をする方法	官報に掲載してする	
会社成立の年月日	平成12年２月22日	
目的　※②	１．通信販売業 ２．衣類及び日用雑貨品の販売 ３．家庭用電化製品及びコンピューターの販売 ４．電気通信事業法に基づく電気通信事業 ５．不動産の売買、管理、賃貸、及び仲介 ６．上記各号に附帯関連する一切の事業	
	１．貸金業 ２．イベントの興業 ３．飲食店の営業 ４．産業廃棄物及び一般廃棄物の収集運搬業 ５．建設業 ６．不動産の売買、管理、賃貸、及び仲介 ７．上記各号に附帯関連する一切の事業 平成23年５月10日変更　　平成23年５月13日登記	
発行可能株式総数	1000株	
発行済株式の総数 並びに種類及び数	発行済株式の総数　500株	
株券を発行する旨 の定め	当社の株式については、株券を発行する	
資本金の額	金3000万円	
株式の譲渡制限に 関する規定	当会社の株式を譲渡するには、取締役会の承認を受けなければならない。	
	当会社の株式を譲渡するには、株主総会の承認を受けなければならない。 　　　　　　平成23年５月10日変更　　　平成23年５月13日登記	
役員に関する事項 ※③	取締役　　　　　○　田　太　郎	平成20年２月24日重任
		平成20年２月25日登記
	取締役　　　　　○　田　太　郎	平成22年２月26日重任
		平成22年２月27日登記
		平成23年５月10日辞任
		平成23年５月13日登記
整理番号　コ１２３４５６	＊　下線のあるものは抹消事項であることを示す	1/2

名古屋市中区丸の内九丁目8番7号
株式会社富論都商事
会社法人番号　１２３４－５６－７８９０１２

	取締役　　　　　○　田　次　郎	平成20年2月24日重任
		平成20年2月25日登記
	取締役　　　　　○　田　次　郎	平成22年2月26日重任
		平成22年2月27日登記
		平成23年5月10日辞任
		平成23年5月13日登記
	取締役　　　　　○　田　三　郎	平成20年2月24日重任
		平成20年2月25日登記
	取締役　　　　　○　田　三　郎	平成22年2月26日重任
		平成22年2月27日登記
		平成23年5月10日辞任
		平成23年5月13日登記
	取締役　　　　　×　山　四　郎	平成23年5月10日就任
		平成23年5月13日登記
	愛知県名古屋市中区丸の内○丁目○番○号 代表取締役　　　○　田　太　郎	平成20年2月24日重任
		平成20年2月25日登記
	愛知県名古屋市中区丸の内○丁目○番○号 代表取締役　　　○　田　太　郎	平成22年2月26日重任
		平成22年2月27日登記
	名古屋市中区新栄○丁目○番○号 代表取締役　　　×　山　四　郎	平成23年5月10日就任
		平成23年5月13日登記
	監査役　　　　　△　川　花　子	平成20年2月24日重任
		平成20年2月25日登記
	監査役　　　　　△　川　花　子	平成22年2月26日重任
		平成22年2月27日登記
		平成23年5月10日辞任
		平成23年5月13日登記
取締役会設置会社 に関する事項	取締役会設置会社	平成17年法律第87号 第136条の規定により 平成18年5月1日登記
	平成23年5月13日廃止	平成23年5月13日登記
監査役設置会社に 関する事項	監査役設置会社	平成17年法律第87号 第136条の規定により 平成18年5月1日登記
	平成23年5月13日廃止	平成23年5月13日登記

整理番号　コ１２３４５６　　　　＊　下線のあるものは抹消事項であることを示す　　　2/2

質的には違う会社といってよいでしょう。

3　不動産登記事項証明書のチェック項目

　相手企業の所在地や役員個人の自宅の不動産登記全部事項証明書（登記簿謄本）を調査することも有益です。

　不動産登記全部事項証明書は、法務局で申請すれば誰でも取得できます。なお、現在では、登記情報交換システムが整備され、最寄りの法務局においてほぼ全国の不動産登記全部事項証明書の交付を受けることができます。

　会社所在地や役員個人の自宅の不動産登記全部事項証明書を取得してみると、「差押」「仮差押」（【書式２】※①参照）「抵当権」（【書式２】※②参照）などの登記がなされている場合があります。そこには債権者名が記載されていますので、債権者が暴力団員等でないかも調べておきましょう。

【書式２】　不動産登記事項証明書

名古屋市中区丸の内○丁目○－○			全部事項証明書		（土地）
表題部（土地の表示）		調製	余白	不動産番号	1234567890123
地図番号	余白	筆界特定	余白		
所　在	名古屋市中区丸の内○丁目○番○号			余白	
①地番	②地目		③地積　㎡	原因及びその日付〔登記の日時〕	
○番○	宅地		350	54	

権利部（甲区）　（所有権に関する事項）			
順位番号	登記の目的	受付年月日・受付番号	権利者その他の事項
1	所有権移転	昭和60年11月18日 第1234号	原因　昭和60年10月１日相続 所有者　名古屋市中村区水主町○丁目○番○号 　　甲山一郎
2	仮差押　※①	平成12年１月10日 第22541号	原因　平成11年12月１日名古屋地方裁判所仮差押命令 債権者　名古屋市東区泉○丁目○番地○号 　　乙山二郎
3	所有権移転	平成18年１月14日 第13254号	原因　平成17年12月24日売買 所有者　名古屋市千種区青柳町○丁目○番地○号 　　丙山三子

4	所有権移転	平成22年4月13日 第15632号	原因　平成22年4月1日売買 所有者　名古屋市名東区藤里町○丁目○番 地○号 　　葵下七雄
5	仮差押登記抹消	平成24年5月20日 第157号	原因　平成24年5月17日取下

権利部（乙区）（所有権以外の権利に関する事項）			
順位番号	登記の目的	受付年月日・受付番号	権利者その他の事項
<u>1</u>	抵当権設定　※②	平成19年12月3日 第2558号	原因　平成19年12月1日金銭消費貸借平成 19年12月3日設定 債権額　金1億円 利息　年10% 損害金　年12% 抵当権者　愛知県蒲郡市元町○-○ 　　アルファ信用金庫
2	根抵当権設定　※②	平成23年6月4日 第2542号	原因　平成23年5月28日設定 極度額　金3億4,000万円 債権の範囲　金銭消費貸借取引　保証取引 　保証委託取引　手形債権　小切手債権 債務者　葵下七雄 根抵当権者　名古屋市中区新栄○丁目○番 ○号 　　株式会社富論都商事
3	抵当権抹消	平成23年6月2日 第13456号	原因　平成23年6月1日抵当権放棄
4	抵当権設定	平成24年8月24日 第34567号	原因　平成24年8月24日金銭消費貸借同日 設定 債権額　金4億円 弁済期　平成35年9月30日　金4億円 債務者が次の各号の一つに該当した場合に は当然に期限の利益を失う 一．仮差押，差押もしくは競売の申立また は破産，民事再生手続開始の申立があった とき 二．元本または利息の支払を一回でも怠っ たとき 利息　年5% 利息支払期　毎年6月20日および12月20日 の年2回，各々6ヶ月分を一括後払い，た だし，初回は，日割り計算のうえ，平成24 年12月20日に支払う 元本利息の支払場所　名古屋市中区栄○- ○-○ 　　株式会社ベータ銀行本店営業部 損害金　年15%（年365日日割り計算） 債務者　名古屋市名東区藤里町○-○-○ 　　株式会社ガンマ 抵当権者　名古屋市中区栄○-○-○ 　　株式会社ベータ銀行

これは登記記録に記録されている事項の全部を証明した書面である。
　平成24年9月13日
　　名古屋法務局　　　　　　登記官　　　　　　　戊　山　四　郎

＊下線のあるものは抹消事項であることを示す。　　　整理番号　F99999

4　行為特性に着目したチェック項目

　登記事項等公的な情報から反社会的勢力であることが判明しなかった場合でも暴力団員等の行為特性に着目し、以下のような事項があてはまるかをチェックしましょう。

(1)　事務所

①　事務所に社名等を掲げた看板がない。

②　郵便受けに複数の会社名が書いてある。

③　あちこちに監視カメラが設置されている。

④　ドアが入りにくく、1つしかない。

⑤　窓が異常に小さい。

⑥　事務所の内装が異常に派手で立派であったり、調度や備品が高価である。たとえば、豪華な絨毯やシャンデリアなど、企業の実態とミスマッチな物が存在する。

(2)　役員等

①　相手の態度が、通常は不自然と思われるほどに柔和で丁寧なのに、突然豹変し、全く異なる厳しい目つきや態度を自分や従業員に対してとる瞬間がある（ほんの一瞬であるが、対人関係に敏感な人にとってはそのギャップが印象深い）。

②　相手との打合せや商談に、相手企業の従業員ではない正体不明の者が立ち会い、監督ないし事実上の権限を握っていると思われることがある。代表者であるはずの者が携帯電話で「会長」などと呼び、畏怖しながら指示を受けたり会話していることがある。

③　部下の些細なミスに対して怒鳴りつけるなど、部下に対する態度が異常に厳しい。

④　こちらからの連絡はとりにくいが、相手方からはすぐに連絡がくる。

⑤　携帯電話を複数使用している。

⑥　大臣、国会議員、警察幹部、上場企業の社長もしくはオーナーと関係が深いことのアピールが随所に垣間見られる。

⑦　タレント、スポーツ選手などを連れて歩き（タレント等の知名度はフロント企業の力量、資金力と比例することが多い）、それらのタニマチ（スポンサー）をしている。

⑧　代表者等が年齢、収入に不相応な高価な腕時計や装飾品を身に付けている（本物か偽物かは別にしても）。

⑨　代表者等が真夏なのに厚手の長袖シャツを常に着ている。

⑩　代表者等がゴルフをしてもゴルフ場の風呂に入らない。

(3)　取　引

①　取引に関する公的規制を無視する。たとえば、都市計画法、建築基準法等の違反になるかを気にしようともしない。

②　取引の規模に不相応な現金決済が多く、代表者なども多額の現金を所持している。

③　通常では考えられないような有利な取引話（低利の融資、大口の買付けなど）を持ち込んでくる。

④　白紙委任状や覚書、実体と異なる契約書などを作成する。そのような文書については異常なほど詳しい。

(4)　会社の姿勢（特にコンプライアンス）

①　建設業法、廃棄物の処理及び清掃に関する法律等、業者としての資格要件を定める「業法」が遵守されていない。

②　労働安全衛生法、労働基準法等の労働関係諸法規が遵守されていない。

③　社会保険に加入していない。

④　就業規則が定められていない。

可能であれば、直近3年分の決算書や納税証明書の提出を求めることは非常に有効です。決算書を調べて、役員報酬に比して労務費が著しく低く抑えられていたり、外注費・請負代金が不自然に多額であったりする場合には注

意が必要です。また、税金が正しく納められていない場合も要注意です。同様に、いわゆる業法に関する許認可証や、労働関係諸法規に関する届出書類等の提出を求めることも有効です。これらの書類の提出により、コンプライアンスの意識の有無を確認することができます。

5　責任者とカンの養成

　以上にあげたように、反社会的勢力にはいくつかの特徴があります。企業の責任者は、この特徴をよく認識してカンが働くようにしておくことがとても大切です。要するに、取引の相手について、常に慎重な観察を欠かさないこと、「うまい話」のときほど一層慎重であることが重要であり、いつもこうした点に配慮していれば、「この相手は何となくおかしいぞ」というカンが働くようになるものです。

　担当責任者を固定して、常にその責任者に研修・情報収集をさせ、こうしたカンを養成することも大切です。都道府県暴力追放運動推進センター（略称：都道府県暴追センター。暴力団員による不当な行為の防止およびこれによる被害の救済に寄与することを目的として各都道府県に１つずつ指定された公益法人）では、暴対法に基づき、都道府県公安委員会から委託を受け、各事業所の不当要求防止責任者に対し、暴力団等からの不当要求による被害を防止するために必要な対応要領などについての講習（不当要求防止責任者講習）を開催していますので、そのような講習を活用されるとよいでしょう。

（参考）　フロント企業のスクリーニングチェックポイント

商業登記
□　会社事務所が実在しない
□　商業登記簿（全部事項証明書等）が取得できない
□　不自然な商号変更が頻繁に行われている

☐	本店所在地と実際の活動拠点が異なる
☐	名称と実際の活動内容が異なる
☐	営業目的が異常に増えている
☐	当初とは全く異なった業種が目的とされている
☐	営業目的間の関連性が乏しく、不自然に多岐にわたっている
☐	現在の役員、または、退任した役員に暴力団関係者がいる
☐	従来の役員が突然ほぼ全員辞めている

不動産登記

☐	会社の所在地の所有者が暴力団関係者である
☐	差押えの登記がある
☐	仮差押えの登記がある
☐	差押え、仮差押え、抵当権の債権者名が暴力団関係者である

事務所

☐	事務所の看板がない
☐	郵便受けに複数の会社名が書いてある
☐	多数の監視カメラが設置されている
☐	事務所のドアが入りにくく、1つしかない
☐	窓が異常に小さい
☐	事務所の内装が不釣り合いなほど派手で高価

役員等

☐	普段は態度が不自然なほど丁寧だが突然豹変することがある
☐	正体不明な者が事実上の権限を握っている
☐	部下に対する態度が異常に厳しい
☐	こちらからの連絡はとりにくいが相手方からはすぐに連絡がくる
☐	携帯電話を複数台使用している
☐	大物ないし有名人と関係が深いとの言動が随所にみられる
☐	タレントやスポーツ選手を連れ歩く

□	年齢・収入に不相応な高価な装飾品を付けている
□	真夏でも厚手の長袖シャツを常に着ている
□	ゴルフ場で風呂に入らない

取　引	
□	取引に関する公的規制を無視する
□	取引の規模に不相応な現金決済が多い
□	通常では考えられないような有利な取引話を持ち込む
□	白紙委任状や実体と異なる契約書などを作成する

会社の姿勢	
□	業法が遵守されていない
□	労働関係諸法規が遵守されていない
□	社会保険に加入していない
□	就業規則が定められていない

決算書、納税証明書	
□	役員報酬に比べて、労務費が著しく抑えられている
□	外注費・請負代金が不自然に多額である
□	税金が正しく納められていない

第3章

反社排除の実務・事後排除編

Q1　反社への暴対法適用

　暴力団を排除する法律として「暴対法」があると聞きましたが、暴対法は反社会的勢力にも適用されますか。

A　暴対法はすべての反社会的勢力に当然に適用されるわけではありません。

1　暴対法とは

　暴対法（正式名称を「暴力団員による不当な行為の防止等に関する法律」といいます）は、平成4年3月に施行されて以降、数々の改正を経て現在に至っています。

　暴対法の目的は、「暴力団員の行う暴力的要求行為等について必要な規制を行い、及び暴力団の対立抗争等による市民生活に対する危険を防止するために必要な措置を講ずるとともに、暴力団員の活動による被害の予防等に資するための民間の公益的団体の活動を促進する措置等を講ずることにより、市民生活の安全と平穏の確保を図り、もって国民の自由と権利を保護すること」にあります（暴対法1条）。

　この目的からもわかるとおり、暴対法は一定の要件を備えた暴力団（指定暴力団）が行う暴力的要求行為を取り締まることを定めています。

　暴力団とは、「その団体の構成員（その団体の構成団体の構成員を含む。）が集団的に又は常習的に暴力的不法行為等を行うことを助長するおそれがある団体をいう」とされています（暴対法2条2号）。そのうえで、指定暴力団として指定される要件を簡単に説明すると、以下のとおりとなります（同法3

1　令和元年12月時点で24の暴力団が指定暴力団に指定されています。暴対法は、指定暴力団の傘下の暴力団にも適用されます。

条）。

① 目的のいかんを問わず、当該暴力団の威力を利用して生計の維持、財産の形成、事業の遂行のための資金を得ることができるようにするため、暴力団の威力を利用させ、または威力を利用することを容認することを実質上の目的としていること

② 暴力団幹部や全暴力団員の人数のうち、暴力団員特有の前科（傷害罪や麻薬犯罪など）を有する者が、暴力団以外の集団一般における比率を超えること

③ 暴力団の「代表者等」（暴力団を代表する者や運営を支配する地位にある者）を頂点としたピラミッド型で構成された組織であること

2　フロント企業への適用の有無

　前述のとおり、暴対法の目的は暴力団が行う暴力的要求行為を取り締まることにありますので、平成4年3月に施行された時点では、フロント企業には規制が及びませんでした。しかし、この暴対法施行により暴力団に対する規制が強化されると、暴力団がその規制から逃れるために金融、土木、建設、不動産、風俗、飲食など、ありとあらゆる業種のフロント企業として活動するようになりました。

　そのような抜け道を防ぐため、平成9年改正で暴力団関係者が指定暴力団の威力を示して行う不当要求行為を「準暴力的要求行為」として規定し、一定の場合は暴対法の規制がフロント企業にも及ぶこととしました。

(1)　暴対法12条の2の適用

　暴力団がフロント企業の業務に関し、暴力団の威力等を示してみかじめ料や用心棒代を要求したり、物品購入をさせたりしたような場合で、さらに反復して暴力的要求行為をするおそれがあると認めるときは、「指定暴力団等の業務等に関し行われる暴力的要求行為の防止」の規定（暴対法12条の2）により、都道府県公安委員会は当該暴力団に対して再発防止命令を発するこ

とができます。

　暴対法12条の 2 第 2 号には、「指定暴力団員がその代表者であり、又はその運営を支配する法人その他の団体」という文言がありますが、これはまさにフロント企業のことを想定したものです。

(2)　暴対法12条の 3 および12条の 4 の適用

　暴力団員がフロント企業を使ってみかじめ料等を要求させる行為は、暴対法12条の 3 により禁止されています。この違反行為に対し、都道府県公安委員会は当該暴力団に対して再発防止命令を発することができます（暴対法12条の 4 ）。

　このような場合、都道府県公安委員会はその行為を行わないように指示することができます（暴対法12条の 4 第 2 項）。

(3)　暴対法12条の 5 および12条の 6 の適用

　暴対法12条の 5 は、「準暴力的要求行為の禁止」を規定しています。

　準暴力的要求行為（暴対法 2 条 8 号）とは、指定暴力団等の暴力団員以外の者（便宜上、「暴力団関係者」といいます）が指定暴力団の威力を示して不当な要求行為をすることをいいます。具体的には、暴力団関係者としては、以下の 7 つのケースが規定されています。

　①　指定暴力団を使用して、暴対法12条 1 項の規定による命令（再発防止命令）を受けた者であって、当該命令を受けた日から起算して 3 年を経過しないもの（暴対法12条の 5 第 1 項 1 号）

　②　指定暴力団に加勢して、暴対法12条 2 項の規定による命令（中止命令）を受けた者であって、当該命令を受けた日から起算して 3 年を経過しないもの（暴対法12条の 5 第 1 項 2 号）

　③　準暴力的要求行為を行って、暴対法12条の 6 の規定による命令（中止命令または再発防止命令）を受けた者であって、当該命令を受けた日から起算して 3 年を経過しないもの（暴対法12条の 5 第 1 項 3 号）

　④　暴対法12条の 4 第 2 項の規定による指示（準暴力的要求行為を行うおそ

れがあると認められてこれを禁止する指示）を受けた者であって、当該指示がされた日から起算して3年を経過しないもの（暴対法12条の5第1項4号）

⑤ 指定暴力団員との間で、その所属する指定暴力団等の威力を示すことが容認されることの対価として金品等（上納金など）を支払うことを合意している者（暴対法12条の5第1項5号）

⑥ 一定の犯罪行為を行い刑に処せられた者であって、その執行を終わり、または執行を受けることがなくなった日から起算して5年を経過しない、指定暴力団等の威力を示すことを常習とする者（暴対法12条の5第2項1号）

⑦ 指定暴力団員が代表者である法人の役員や従業者など、準構成員的地位にある、指定暴力団等の威力を示すことを常習とする者（暴対法12条の5第2項2号）

上記①〜⑦に該当する者が「準暴力的要求行為」を行い、相手方の生活の平穏または業務の遂行の平穏が害されていると都道府県公安委員会が認める場合には、フロント企業に対し、中止命令や再発防止命令を発することができます。

3 エセ右翼その他の反社への適用の有無

暴対法の目的は一定の要件を備えた暴力団（指定暴力団）が行う暴力的要求行為を取り締まることにあるため、その他の反社会的勢力による不当な行為について暴対法が適用されることは通常ありません。しかし、名称にとらわれず、エセ右翼団体の構成員が不当な要求行為をする際に指定暴力団を示すような言動が伴っていれば、「準暴力的要求行為」として暴対法を適用できる場面もあると考えられます。

4　特殊詐欺と暴対法の適用の有無

　特殊詐欺事案において、近年、暴対法31条の２に基づき、指定暴力団の組長に対する損害賠償責任を認める判決が相次いで出ています（下記コラム参照）。

───────── ＊コラム＊ ─────────

▷**反社会的勢力と特殊詐欺**

1　特殊詐欺被害の増加

　「振り込め詐欺」に代表される特殊詐欺被害が社会問題となっています。平成29年の特殊詐欺の認知件数は１万8212件、被害総額は約394.7億円に上っています。

　被害者の大半は高齢者です。たとえば、振り込め詐欺の典型的手口であるオレオレ詐欺被害に遭った方の95％以上が、65歳以上の高齢者です。

　高齢者が特殊詐欺のターゲットとされる理由としては、高齢になれば判断能力に衰えが生じ、騙されやすくなるということに加え、独居や夫婦２人のみの生活の人が増え、すぐに相談できる相手が身近に存在しないといった生活環境におかれていることや、若者よりも多く蓄えをしている人が多いこと等が考えられるところです。

　被害に遭った高齢者の中には、近親者からの信用を失って孤立してしまったり、すべてに疑心暗鬼になってこれまで構築してきた周囲との人間関係を自ら失ったり、命を絶ってしまいたいと思うまで落ち込んだりするなど、経済的な被害だけでなく、精神的にも甚大な被害を受ける方も多いです。

2　特殊詐欺犯行グループの組織

　特殊詐欺犯行グループの組織の首魁や中核メンバーには暴力団組員や暴力団組員だった者、または、いわゆる半グレ等の準暴力団員がいるこ

とが少なくありません。なお、平成29年に検挙された593名のうち205人が暴力団構成員等ということであり、このことからも暴力団が資金獲得活動として特殊詐欺を行っていると考えられます。

中核メンバーのそれぞれの先に「掛け子」（騙し役、つまり実際に電話口で被害者と話をする役）、「出し子」（金融機関でATMから金を引き出す役）、「受け子」（被害者と会って現金やキャッシュカードを受け取る役）、「道具屋」（犯行に用いる携帯電話や口座等を用意する役）と呼ばれる末端の実働部隊のメンバーがいます。末端のメンバーは、彼らは首魁が誰か、他の中核メンバーが誰かを知らないのが一般的で、彼ら末端が逮捕されても特殊詐欺グループが壊滅しないように組織されています。

役割別検挙人員をみると、8割以上が末端メンバーであり、犯行グループの首魁や中核メンバーまで検挙されることは極めて稀です。

また、犯行グループは、「レンタル携帯電話業者」、「転送電話事業者」、「名簿屋」（個人情報をデータベース等として整理して検索できるような形にまとめて販売する業者）と呼ばれる業者を利用して特殊詐欺を行っています。これらの業者の中には、自らが犯行グループに犯罪インフラを提供して犯罪に加担していることを知っている者もいます。

このように、特殊詐欺は、極めて組織的に行われているのです。

3 被害回復の手段

一般的な法制度による被害回復の手段としては、民法に基づく加害者に対する損害賠償請求の裁判を起こし、判決をもらうか、裁判上の和解をする等して債務名義（強制執行の根拠となる法的文書）を取得し、民事執行法による強制執行を行うこととなります。

しかし、そこにはかなりの困難があります。

まず、裁判を起こす前提として、相手方の特定が困難であるという限界があります。この点については、現状としては、捜査機関が加害者を特定し、刑事裁判を起こすのを待つしかないというのが現状です。

　また、末端メンバーの多くは資力がないことが多く、犯行が発覚した末端メンバーからでは回収が難しいという問題もあります。

　もっとも、犯行グループの各メンバーからの被害回復が難しい場合にも、特殊詐欺犯行グループが、暴力団組員を首魁として組織されており、組織するにあたり、暴力団の威力を利用しているという事情が明らかになっている場合には、当該暴力団組員の所属する暴力団組織の代表者を相手として、組長責任訴訟を提起するという手法はあります。このような組長責任訴訟において、暴力団組織の代表者の責任を認める裁判例も現れています[2]。

　強制執行段階においても、執行対象財産の把握が困難であるという限界があります。執行対象財産の把握が困難な原因として、①弁護士会照会に強制力がない、②財産開示手続に実効性がない、という点があげられます。

　この点、②財産開示手続に関しては、民事執行法の改正がなされて、令和2年4月から施行され、財産開示制度の手続違背に対する罰則強化がなされているものの、これにより、どの程度の実効性があるのかは今後の検証が待たれるところです。

4　被害回復給付金支給制度等

　特殊詐欺に関する被害回復のための特別法による制度としては、検察庁による①犯罪被害財産等による被害回復給付金の支給に関する法律による「被害回復給付金支給制度」と、預金保険機構による②犯罪利用預金口座等に係る資金による被害回復分配金の支払等に関する法律（振り込め詐欺被害者救済法）に基づく「被害回復分配金」の支払手続があります。しかし、これらの制度によって十分な被害の回復がされているとは到底いえません。

2　最高裁令和3年3月11日決定、最高裁令和3年3月16日決定など。

　「被害回復給付金支給制度」による給付金や「被害回復分配金」の支払額は判明している被害額の１割にも満たないのです。

　「被害回復給付金支給制度」が十分に有効でないのは、没収・追徴がその前提となっているところ、前述のとおり、特殊詐欺組織の分断化が徹底されているため、首魁や中核メンバーにたどり着けず、犯罪収益の所在の把握が困難となっており、没収・追徴を十分に行うことができていないのが原因と考えられます。「被害回復分配金」については、口座凍結時の残高しか分配の対象とならない点に限界があります。

5　特殊詐欺予防の方策

　特殊詐欺被害対策としては、元々被害予防と被害回復とが対策の両輪です。ところが、以上のように、このうち、被害回復手段については、まだまだ発展途上にあり、現状においては、その甚大な被害に比してあまりにも無力であり、特殊詐欺事案における経済的損害の回復はごく一部しかなされていません。

　このような状況下では、被害回復手段の強化とあわせて、被害予防手段の強化に注力することが特に重要であると考えられます。

　特殊詐欺予防の方策として、特殊詐欺被害が疑われる高齢者の取引について、金融機関が、犯罪による収益の移転防止に関する法律に基づく通報を積極的に行うということがあります。このような金融機関による水際の取組みにより、特殊詐欺被害を未然に防止することができた例は多数あります。

　予防という点に関し、平成30年７月23日、地域全体で高齢者の特殊詐欺被害防止を図ることを目的とした「高齢者の特殊詐欺被害防止に関する協定」が、愛知県一宮市、一宮警察署、一宮金融機関防犯連絡協議会、愛知県弁護士会の四者で締結されました。高齢者虐待防止ネットワークを利用し、相談・研修を通じて、地域全体で高齢者の特殊詐欺防止を図る試みであり、地域の連携による、市民に寄り添った特殊詐欺被害予防

の一事例として、参考になると思われます。

Q2　警察への照会

　　当社は、事業多角化のために、新規事業を開始することになりました。その事業につき、ある企業と取引をするため契約締結の交渉に入ったのですが、現時点になって、その企業は暴力団とつながりが深いのではないかとの疑念が生じています。警察に問い合わせれば、その企業がいわゆる反社会的勢力であるか否かがわかるのでしょうか。

A　1　反社情報の収集手段

　ある企業が反社会的勢力に属するか否かを判断するための方法として、新聞などに公表された情報や個別に対応した事件から得られた情報を収集している暴力追放運動推進センターや民間の暴追団体に問い合わせる方法があります。

　加えて、都道府県警察も、暴力団やそれにつながる反社会的勢力についての情報を蓄積しており、都道府県警察に問い合わせることができます。暴力団情報については、都道府県警察から情報の提供を得るための具体的基準および手続を定めるものとして、警察庁刑事局組織犯罪対策部長通達「暴力団排除等のための部外への情報提供について」があります。

2　通達「暴力団排除等のための部外への情報提供について」の内容

　この通達は、暴力団による犯罪等による被害の防止または回復等の公益を実現するため適切に情報を提供するとともに、提供の是非の判断にあたって

組織としての対応を徹底する等の考え方を基本としています。

　平成12年9月14日に出されたこの通達は、近時の社会一般における暴力団排除の気運や事業者等からの反社会的勢力情報提供についての要望の高まりを受けて、平成23年12月22日に改正され、さらに平成31年3月20日に改正されています。改正の大きなポイントとしては、暴力団員だけでなく「暴力団員と社会的に非難されるべき関係にある者」も対象になりうるなど相手方の範囲が拡大した反面、情報を求める者に情報の目的外利用をしない旨の誓約書の提出をさせたり、情報管理体制の構築を求めたりするなどの「適正な情報管理」の実施が必要になったことです。

　ただ、この23年通達に基づき暴力団情報が提供されるのは、①暴力団排除条例上の履行支援に資する場合その他法令の規定に基づく場合、②暴力団による犯罪、暴力的要求行為等により、被害が発生し、または発生するおそれがある場合、③暴力団の組織の維持または拡大への打撃を与えるために必要な場合に限られています。

　これらの場合に提供される情報の内容は、まず、暴力団活動の実態についての情報（個人情報以外の情報）です。この情報では目的実現が困難な場合は、問合せの対象となる者の暴力団該当性の有無が回答されますが、住所、生年月日等の暴力団該当性情報以外の個人情報は原則として提供されません。

　もっとも、これによっても目的が達せられず、かつ、暴力団による犯罪等による被害の防止または回復等の公益を実現するため必要と判断される場合には、暴力団該当性情報以外の個人情報が提供されることがあります。

3　限界および注意点

　この改正された通達によって、従前よりも警察から提供される情報の範囲は広がったといえますが、限界がないわけではありません。

　暴力団に所属していることが明確である「構成員」ではなく、暴力団に属していることが明確とは言い切れない「準構成員」については情報提供が

受けられるとは限りません。これら「準構成員」につき、警察は暴力団との関係の態様や程度につき検討を行った結果、現に暴力団員または暴力団員の一定の統制下にあることを確認してから情報提供の可否が判断されるからです。

　かつて暴力団に所属していたが、現在は所属していない「元構成員」についても、暴力団との関係を断ち切ろうという更生の意欲を削がないため、過去に暴力団の構成員であったという事実だけをもって情報提供しないことになっています。

　さらに、暴力団構成員とともに利益を得る立場にある「共生者」は、具体的な暴力団への利益供与の実態や暴力団の利用実態を踏まえて情報提供の可否が判断されます。

　これ以外にも、「暴力団員と社会的に非難されるべき関係にある者」、「総会屋および社会運動等標ぼうゴロ」、「暴力団の支配下にある法人」についても、それら活動の実態につき十分な検討のうえで情報提供の可否が判断されるなど、一定の制約があります。

4　その他の方法

　これまで述べたように、警察から反社会的勢力についての情報を入手する方法は万能ではありません。

　そこで、警察に尋ねること以外の方法も知っておいたほうがよいでしょう。具体的方法の1つとして、新聞社が独自に構築している記事データベースを検索して、これまでに掲載された反社会的勢力に関する記事を閲覧することが考えられます（詳細は各新聞社にお問い合わせください）。また、自主的方法としては、各業界団体ごとに反社会的勢力についてのデータベースを構築することも期待されるところです。

Q3　アパート入居者の警察への照会

　　私はアパートの大家ですが、ある部屋に暴力団員風の格好をした人物が頻繁に訪れているようです。その部屋の居住者が暴力団または反社会的勢力に所属する人物か、警察に聞けば教えてもらえるのでしょうか。

　　1　警察の資料は必ずしも十分ではない

　Q2でも述べましたが、反社会的勢力に関する一定の情報は、都道府県警察、暴力追放運動推進センター、民間の暴追団体に蓄積されています。しかし、反社会的勢力とひと口にいっても、その内容は千差万別です。

2　警察は、一般的な質問には答えられない

　また仮に、あなたのご質問の対象の居住者が偶然、警察の資料に掲載されていたとして、それを警察に頼んで教えてもらうことはできるのでしょうか。

　ある人が反社会的勢力に所属するか否かといった情報は、公務員である警察官にとっては、原則的に公務員の守秘義務の対象となります（国家公務員法100条、地方公務員法34条）。また、警察等の行政機関が保有する個人情報を第三者に提供することについては、法律および各県の条例等によって厳しく制限されているのが実情です（行政機関の保有する個人情報の保護に関する法律8条1項・2項、愛知県個人情報保護条例7条・8条）。

　そこで、あなたが警察に行って、「○○という人が反社会的勢力に所属しているかどうかを教えてください」と頼んだだけでは、仮に対応した警察官がその情報を知っていたとしてもあなたに教えることはできないのが原則です。

　しかし、暴力団排除条例の義務履行の場合や暴力団による犯罪、暴力的要求行為等による被害の防止または回復に資する場合、暴力団組織の維持または拡大への打撃に資する場合であり、あなたが情報の目的外利用をしない旨の誓約書の提出その他の適正な情報管理をしているのであれば、警察から一定の情報が提供されます（詳細は、平成31年3月20日付けの警察庁の通達「暴力団排除等のための部外への情報提供について」を参照してください）。すなわち、その居住者が、暴力団構成員である場合のみならず、暴力団準構成員、共生者、暴力団員と社会的に非難されるべき関係にある者である場合にも、あなたが直接警察署に相談に行けば、情報の提供を受けることが可能なのです。

　したがって、あなたとしては、情報の目的外利用をしない旨の誓約書を提出したうえで、アパート居住者や訪問者の詳細な状況を説明することで「暴力団組織の維持または拡大への打撃に資する場合」であることを明らかにできれば、警察から情報提供を受けられることになります。

3　契約に反社会的勢力排除条項（暴排条項）を入れておく

　入居後の身元確認は簡単ではないので、賃貸借契約の締結時に賃借人の身元を確認することが大切です。

　さらには、賃貸借契約の条項として、賃借人に自らが反社会的勢力に所属しないことを表明・保証させ、後日その表明・保証と事実が反することが明らかになった場合には当該賃貸借契約を解除できる条項（暴排条項）を加えておくべきです。

　この暴排条項があれば、入居後に居住者が反社会的勢力に所属することが判明した場合には、その居住者との賃貸借契約を解除してアパートからの立退きを求めることができます。

　この暴排条項がない場合は、居住者が反社会的勢力に所属することだけを理由として賃貸借契約解除および立退きを求めることは簡単ではありません。しかし、錯誤（民法95条）を根拠に契約の取消しを主張する等の手段が

考えられますので、弁護士に相談することをお勧めします。

Q4　反社と判明した場合の対応

> 取引の相手先が反社会的勢力とわかった場合、取引を断ることができますか。

1　契約を結ぶ前に反社だとわかった場合

　契約を結ぶ前に相手が反社会的勢力であるとわかった場合には、契約の締結を断るべきです。契約自由の原則といって、どのような相手とどのような内容の契約を結ぶかは、契約当事者が自由に判断することができますから、反社会的勢力と取引をしたくないと考えるのなら、契約を締結しないでおけばよいのです。

　もっとも、後日のトラブルを防止するために、交渉の打ち切り方や断り方には工夫が必要です。フロント企業であるとか暴力団に関係があるからとか、具体的な理由を説明することは必要ありません。「諸般の事情を考慮し、今回は取引を見合わせます」と一般的な理由を述べておけばそれでよいのです。弁護士に依頼して、取引をしない旨の内容証明郵便を弁護士から送ってもらうことも有効だと思われます。

　なお、契約締結前に今後の取引を断った場合であっても、相手方から「多額の準備費用がかかった」とか、「この取引を進めるためにいろいろな人に迷惑をかけた」とか、さらには、「迷惑をかけた人の中に怖い人がいる」などと脅してくることもあります。そして、通常の取引では考えられないような多額の損害が発生したなどと言って金銭の不当要求を受けることもあります。こうしたときでも、最初にきちんと断ることが重要です。通常の取引で

あれば、原則として、契約成立までの準備行為はそれぞれの会社の営業のための行為として相手方に請求しないはずです。後日紛争が生じたときに備えて、内容証明郵便などの文書で断っておくことも、契約締結前に取引を拒絶したという事実を明らかにしておくための証拠としては有効な手段となります。

2　契約を結んだ後に反社だとわかった場合

　契約を結んだ後に相手方が反社会的勢力だとわかった場合、暴排条項があればその暴排条項に基づいて契約を解消しましょう。暴排条項がないときは、契約を結ぶ前や暴排条項がある場合に比べて取引を解消することは難しくなります。なぜなら、いったん結んだ契約を一方当事者の意思で白紙にするためには、たとえば、相手方から騙されて契約をした（詐欺による取消し。民法96条1項）、相手方から脅されて契約をした（強迫による取消し。民法96条1項）、大きな思い違いをして契約をした（錯誤による取消し。民法95条1項）などの理由が必要になるからです。

　このように契約を結んだ後の取引拒絶が難しいこともあって、契約書に署名・押印するときには、相手方の会社の実態を慎重に調査し、信頼できる相手方であることを確認する必要が極めて高いことになります（取引先の調査選別（スクリーニング）については、本書61頁以降をご覧ください）。

　しかし、相手方が反社会的勢力の実態を隠していた場合には、詐欺による契約の取消し、あるいは錯誤による契約の取消しを主張する余地があります。また、銀行取引や賃貸借契約などの継続的な取引関係では、お互いの信頼関係が維持されていることが重要であるため、契約の締結時に相手方が反社会的勢力であることを隠していたなどといった場合には、もはやお互いの信頼関係は維持できないとして解除が可能になることもあり得ますので、諦めずに弁護士等の専門家に相談して対策を立てることが好ましいでしょう。

＊コラム＊

▷追加された暴排条項の遡及的適用の可否

　近時、契約書の雛形を掲載している書籍を見てみると、ほとんどの契約類型の雛形に暴力団排除条項（暴排条項）が設けられています。契約締結前であれば、このようなリーガルチェックで暴排に対応することができます。それでは、すでに締結してしまった契約に、暴排条項を追加して、暴力団等を排除することはできるでしょうか。

　本コラムでは、銀行取引において、取引約款に暴排条項を追加した場合、追加前にすでに開設されていた口座に対して暴排条項を適用してその解約ができるか否かについて判断をした裁判例（福岡地裁平成28年３月４日判決およびその控訴審である福岡高裁平成28年10月４日判決）の解説をします。

1　どのような事案であったか

　本件は、Ｙ銀行と預金契約を締結したＸが、Ｙが本件預金契約締結後に取引約款に追加した暴排条項に基づき本件預金契約を解約したことについて、(i)暴排条項が無効であること、および(ii)事後的に追加された暴排条項の遡及的適用は認められないことを主張し、口座の解約が無効で本件預金契約はいまだ存在することの確認を求めた事案です。

　預金契約をはじめ、契約は当事者双方の合意によって成立するものですから、その内容を変更する場合にも当事者双方の合意が必要となるのが民法上の原則です。しかし、本件において、裁判所は(i)および(ii)のいずれの主張も排斥し、口座の解約を認め、控訴審もその判断を支持しました。以下では、(ii)の主張に関する裁判所の判断について説明します。

2　裁判所が(ii)の主張を排斥した理由

(1)　目的の正当性・有効性

　預金契約のように、特定者が不特定多数者を相手方として行う取引で、その内容が画一的であることが双方にとって合理的である定型的取

引については、定型の約款により契約関係を規律する必要性が高いため、社会の変化に応じてそれを変更する必要が生じた場合、合理的な範囲で変更されることも、契約上当然に予定されています。

(2)　約款の変更の合理性

① 　暴排条項は反社の活動を制限し、市民生活の安全・平穏を図るという公益目的をも有している

② 　暴排条項追加後の反社によるマネーロンダリング事犯の数に照らすと、口座不正利用はいまだ社会の大きな脅威である

③ 　暴排条項の目的は既存口座にも適用しなければ達成困難である

④ 　遡及適用による預金者の不利益はライフライン契約等の解約に比べて小さい

⑤ 　預金者は自らの意思で反社から離脱できる

⑥ 　Ｙ銀行は、暴排条項追加に先立ち、変更の内容や効力発生時期を適切な方法で周知していた

3　暴排条項を追加する場合の対応

　裁判例の述べる理由によれば、定型的な約款に暴排条項を追加する場合には、暴排条項を追加することにより得られる利益とそれにより相手方が被る不利益を衡量したうえで、追加する条項の内容や効力発生時期を適切に周知する必要があるということになります。

　なお、平成29年改正民法（令和2年4月1日施行）においては、定型約款の変更についての規定が新設されています（改正民法548条の4）。同条では、定型約款の変更について、①相手方の一般の利益に適合するとき、②契約の目的に反せず、かつ、変更の必要性、変更後の内容の相当性等の事情に照らして合理的であるときには、③その内容や効力発生時期などを適切に周知するという要件のもとで、その変更を認めています。本裁判例は、同法施行前の事案であるため、今後、改正民法のもとで、定型約款の変更の有効要件に関してどのような判断がなされるか注

目したいところです。

Q 5　交通事故の相手方が反社だった

　　先日、車を運転していたところ、私の不注意でＡさんの運転する高級車に追突してしまいました。私は、Ａさんと示談交渉を始めましたが、しばらくするとＡの友人を名乗るＢという人物が「俺はＡから委任を受けたＡの代理人だ。これからは俺を通して話をしろ」と言ってきました。今後、どのように対処していけばよいのか教えてください。

A　　1　まずは警察への報告を

　交通事故を起こした場合、車両の運転者や同乗者は、警察官が現場にいるときはその警察官に、警察官が現場にいないときは直ちに最寄りの警察署に事故の報告をする義務があります（道路交通法72条１項）。

　事故の当事者が警察署に事故の報告をすると、自動車安全運転センターにおいて交通事故証明書が作成されます。この交通事故証明書は、相手方に損害賠償を請求する場合や保険会社に保険金を請求する場合は非常に重要な証拠となります。このように、事故を公にして証拠に残しておくためにも、まずは警察に連絡し、交通事故の発生を報告してください。刑事処分や運転免許証の停止、取消処分を恐れたり、ややこしい示談交渉を避けたいがために、交通事故の現場で安易に解決を図ったりすることは、後々大きなトラブルを引き起こしかねません。

2　保険会社の示談代行制度を利用する

　あなた自身が反社会的勢力である相手方やその代理人を名乗る者と直接交

渉した場合、脅しや圧力をかけられ、不当に高額な損害賠償をさせられるなど、適切な示談解決が図れないおそれがあります。そこで、あなたが自動車保険契約を締結している場合、保険会社に連絡して事故受付をしてもらいましょう。そうすれば本件のような場合、示談交渉に精通している保険会社の担当者があなたに代わって相手方との示談交渉を代行します。相手方が不当な要求や主張を繰り返したり、保険会社の担当者との交渉に応じず、あくまであなたとの直接交渉を試みようとした場合には保険会社があなたの代理人として弁護士を紹介してくれることがあります。

いずれにしても、保険会社の担当者の指示に従い、あなた自身が相手方やその代理人と称する者と交渉する必要はありません。

3　自動車保険の契約がない場合

あなたが自動車保険の契約をしていない場合には、前記2の示談代行制度を利用することができません。その場合、自ら相手方やその代理人と交渉するか、あなたが弁護士費用を負担して弁護士に委任することになります。

(1)　相手方と直接交渉する場合

(A)　直接交渉の際の注意点

自分で交渉することは避けましょう。どうしてもあなた自身が交渉しなければならない場合、相手方との交渉内容を逐一メモしたり、録音するなど交渉の記録を残しておいてください。

また、相手方と直接会って話をすることは極力避けましょう。どうしても相手方と直接会わなければならないことになった場合は、第三者がいる場所（ホテルのロビーなど）で交渉するようにし、絶対に相手方の自宅や事務所などに出向いて交渉することはしないようにしてください。

(B)　委任事実の確認

そもそもBがAから今回の交通事故の示談交渉について委任を受けていなければ、あなたがBと交渉しても、Aとの間では何の解決にもなりません。

したがって、ＢにＡからの委任状を見せるよう要求したり、Ａに直接確認するなどして、ＡがＢに交渉を委任しているかどうかを確認してください。ＢがＡから委任を受けた事実を確認できない場合、Ｂと示談交渉する必要はありません。

　　(C)　弁護士法や暴対法に違反している可能性

　仮にＢがＡから委任を受けていたとしても、Ｂが弁護士でない場合で、報酬を得る目的であなたとＡとの示談交渉に介入してきたのであれば、弁護士法72条に違反する可能性があります。また、暴対法９条19号は、「指定暴力団員」が他人から「依頼を受け」、「報酬を得て又は報酬を得る約束をして」所属する暴力団の「威力を示して」示談交渉を行い、「損害賠償として金品等の供与を要求」することを禁じており、また、同法11条１項には、公安委員会はその指定暴力団員に対して、そうした行為の中止命令を発することができると定められています。それに反した場合、３年以下の懲役もしくは500万円以下の罰金が科されるか、またはその両方が科されます（同法46条）。言葉使いの悪いＢが仮に指定暴力団員であった場合、本設問のような示談交渉への介入は暴対法で禁止されている示談介入行為に該当する可能性があり、中止命令が発せられる可能性があります。Ｂの行為が弁護士法や暴対法に違反している可能性がある場合には、Ｂとの示談交渉には応じず、警察に相談すべきです。

　⑶　弁護士への委任が安全

　自ら交渉する場合のおおまかな注意点は前記⑵のとおりですが、交渉がまとまらない場合には民事調停や訴訟手続が必要な場合がありますし、交渉がまとまった場合にも示談書の作成など細かい注意点はまだまだあります。したがって、あらかじめ保険会社の示談代行が利用できるよう自動車保険の契約を行うべきです。問題が発生した場合には、専門家である弁護士に相談すべきです。

Q6　反社による不当な治療継続、後遺障害認定の要求

　　私は、整形外科医院を開業しています。追突による交通事故で「首が痛い」と言って、6カ月前から通院している患者が、医学的にはもう完全に治癒の段階に達しているにもかかわらず、「まだ調子が悪いからもう少し通院するわ」とか、「相当重い後遺症が残っているから、オレの後遺症は5級くらいにはなるだろう。後遺障害診断書にもそう書いてもらわないとダメだ」といった不当な要求をしてきました。私が、治療はこれ以上必要ない旨説明したところ、「お前のところに街宣がかかってもいいのか」と言われました。どのような対応をしたらよいか苦慮しています。

A　1　過剰診療の要求には応じない

　医師には、診察治療の求めに応じる義務がありますが、正当な事由があれば拒否することも可能です（医師法19条1項）。医学的適応がない場合には、いくら患者の要求があってもその医療は拒否できますし、むしろ拒否すべきです。

　本設問の場合、医学的には完全に治癒の段階に達しているというのですから、治療を打ち切ることを患者によく説明して納得してもらうべきでしょう。交通事故による自動車保険金の請求に絡んだ事件では、治療の必要がない事案でもいたずらに長期間にわたって診療が継続されることが時折見受けられますが、本来すべきことではありません。もし、過剰診療に応じれば、医師も保険金詐欺行為に加担したことになりかねません。

2　意に反する後遺障害診断書を作成しない

　後遺障害診断書の内容は、患者の意向に左右されてはならず、患者の症状を医学的観点から客観的に判断したうえで記載すべきものです。したがって、患者から後遺障害診断書の記載について指示があったとしても、それに従う必要はありません。

　交通事故による後遺障害等級の認定は、損害保険料率算出機構という機関がすることです。したがって、後遺障害等級を認定することは医師の職責ではないことを、その患者に対して説明してください。

　なお、診察をした医師には患者からの請求があった場合に、正当の事由がない限り、診断書を交付しなければならない義務があります（医師法19条2項）。過去の裁判例[3]には、医師が不正利用のおそれがあることを考慮して診断書の交付を拒絶した場合に、同項の正当事由は認められないとしたものも存在しています。本件のように、事実と異なる内容の診断書交付を求められ、不正利用の疑いがあると感じた場合であっても、それだけを理由に診断書の交付を拒否すると、医師法違反などに問われる危険があります。医師本人の医学的見解に沿った診断書を作成し、これを交付しておく必要があるといえます。

3　不当な要求に屈しない

　これ以上治療が必要ないというあなたの判断が、医学的見解に基づいているのであれば、自信をもってそのことを告げて、治療を断るべきです。もし、あなたが、街宣をかけるといった脅しに屈して不要な治療行為を続けてしまえば、この患者のみならず、他の同様の者からの不当な要求も受け入れざるを得なくなり、ひいてはあなたの病院の信用を失墜させてしまう危険性もあ

3　東京簡裁平成16年2月16日判決。

ります。

　あなたが断固として不当な要求を拒んだにもかかわらず、患者が脅迫的な言動や不当な要求を続けるようであれば、脅迫罪（刑法222条）や強要罪（刑法223条）が成立する可能性がありますから、早めに弁護士や警察に相談されるとよいと思います。

　また、治療を継続させる手段として、あるいは後遺障害診断書の記載内容を自分の思いどおりにする手段として、街宣行為をかけることは違法・不当なものです。したがって、Ｂが実際に街宣行為をしてきた場合には、街宣行為の中止を要求できますし、それでも中止しない場合は、裁判所に対し、街宣禁止の仮処分を申し立てることができます。

Q7　会社の乗っ取り

　　私は会社を経営していますが、不況で経営に苦しみ、知人に紹介されたＡという人物に、１億円の融資を申し込みました。Ａは身なりや持ち物も立派で、紹介した知人によれば有名な政治家の私設秘書をしているとのことでした。

　　Ａは融資を承諾しましたが、わが社の実情を知りたいということで、Ａが経営するＢ社の従業員Ｃという人物をわが社に送りこんできました。Ｃは経理にも詳しく、次々と帳簿類をチェックし、わが社の経営上の問題点を指摘していきました。

　　その後、私はＡに対し、融資の実行を要求すると、Ａは融資の実行を確約したのですが、手形帳や小切手帳をＣに渡して管理を任せるよう求めました。

　　私は、Ｃを信頼するとともに、Ａから融資を受けたい一心でＣに手形帳や小切手帳を渡しました。しかし、Ａがなかなか融資を実行しないの

で強く要求すると、Aは融資の実行を確約し、条件として代表印（実印・銀行印）と白紙委任状を渡し、株券を預託するように求めました。

融資のためとはいえ、これに応じてしまってよいでしょうか。

絶対に応じてはいけません。

原則として、甘い話には安易に乗らないという姿勢が重要です。無担保で1億円もの融資をするという話が通常ではないことは、経営者であれば常識ともいえることであり、何らかの裏があると考えるべきです。

少なくとも、紹介された人物をすぐに信用するのではなく、人物の調査を行う程度の慎重さが必要です。特に、困ったときほど騙されやすいため、より慎重に行動することが必要となります。

1　代表印、白紙委任状、株券を渡すとどうなるか

代表印、白紙委任状、株券を渡すということは、事実上経営を一任してしまうことと同じですので、自らの意思に反して何をされるかわかったものではありません。

代表印、白紙委任状、株券を悪用すれば、あなたから株主の地位を奪うこともでき、株主総会決議によってあなたを辞任させ、新たにAやAの関係者を役員とする役員登記の変更や、会社名義の不動産登記の変更すらできてしまい、会社を完全に乗っ取られてしまいます。

仮に登記等を変更してしまうと、相手方が元に戻すことに応じない場合には裁判をするしかありませんが、多大な時間と労力が必要となります。

2　手形帳・小切手帳を渡すとどうなるか

手形帳・小切手帳を渡してしまうと、手形や小切手も無制限に振り出される可能性があります。いったん振り出された手形の支払請求を拒否することは困難ですので、全く身に覚えのない支払義務を無制限に負わされるという

恐ろしさがあります。

3　渡してしまった後に予想される結末

　仮にAの要求に応じてしまったとします。Aの目的は最初から会社の乗っ取りにあるでしょうから、十中八九融資は実行されません。

　そのうえ、手形・小切手が乱発され、役員の変更登記や不動産の所有権移転登記までされる可能性も高いです。

　後から抗議しても効果はありません。相手の調査を尽くすなど、慎重な行動をとるようにしましょう。

Q8　事前質問状、株主総会等への対処

　昨日、「A経済研究所」と名乗る株主Bから会社あてに、「取締役Cによる不正融資を問う」と題する質問状が届きました。質問状には、当期に計上された特別損失2億円に係る責任についての会社の考えを問うもののほか、「株主総会の議題にCによる不正融資問題を取り上げろ」、「株主代表訴訟を起こす」などといった記載があります。なお、当社は、近く定時株主総会を開催する予定ですが、C取締役の任期満了まで1年以上あり、次の総会でC取締役選任の議題を提出することはありません。

　本日になってBより電話があり、「質問状について回答を求めたいので、これからお邪魔する」と言ってきました。どのように対処したらよいのでしょうか。

　また、Bが実際に株主総会に出席して質問をしてきた場合はどうしたらよいでしょうか。

株主からの質問状に対し、株主総会の事前に回答をする義務はありません。

　Bの目的が不当要求である可能性もあるので、毅然とした対応を心がけてください。

　そのうえで、質問に対する説明の要否を見極め、回答の必要があると判断した場合には、説明内容を検討しておくなど、議事がつつがなく進行するよう株主総会の準備を万全にしましょう。

1　面談要求への対応

(1)　株主の地位を悪用した不当要求の可能性

　株主Bは、表向きは「回答を求めたい」と言って、面談を要求しているようです。しかし、Bの面談の真の目的が、「不正融資」をネタにした金銭の要求である可能性もありますので、注意が必要です。会社の株式を取得した反社会的勢力が、株主の地位を悪用して会社に対し不当な要求をしてくることがあり、そのような場合、会社と接触する機会を得る手段として、質問状を送りつけたり、面談を要求してきたりすることがあるのです。

　Bの真意はわかりませんが、後述するとおり、Bの質問状に対して株主総会の前に回答をする必要はありませんから、総会の席上で説明する旨を伝えれば十分でしょう。その後も、何度も訪問して面談要求をしてきたり、頻繁に電話連絡をしてきたりするようであれば、毅然とした対応をすることが肝要です。

(2)　利益供与の禁止（会社法120条1項）

　特殊な株主からの不当要求は、「株主総会を無事に終わらせたければ」、「訴訟を起こされたくなければ」といって脅しておいて、金銭の支払いを要求する、あるいは彼らが保有している株式を高値で買い取るよう要求するといった形で現れます。これらの要求に応じれば、株主の権利の行使に関し、財産上の利益を与えることになりますから、絶対に応じてはいけません（会社法

120条1項)。また、いかに執拗かつ巧妙な脅しであっても屈してしまえば、株主代表訴訟において役員の責任として追及されることになります。

　実際に、不当要求に応じて株主に巨額の利益を供与した取締役らについて、株主代表訴訟において任務懈怠責任が認められ、約583億円もの損害賠償が命じられた事例も存在します(東京高判平成20・4・23金判1292号14頁〔蛇の目ミシン事件株主代表訴訟差戻し控訴審判決〕)。

2　取締役等の説明義務

(1)　説明義務の発生

　株主は、株主総会に先立って、議題に関する質問状を提出することができますが(事前質問状。会社法施行規則71条1号イ参照)、事前質問状が提出されただけでは取締役等の説明義務(会社法314条)は生じません。事前質問状は、株主総会における質問に代替するもの(書面による質問)ではないので、株主が総会の場で実際にその質問をしてはじめて、取締役等に説明義務が生じるのです。[4]

　したがって、株主Bの質問に対しても、株主総会前に答える必要はないのです。

(2)　説明義務の範囲

　では、株主Bが株主総会に出席して事前質問状と同じ質問をした場合にはどの範囲で説明する義務が生じるでしょうか。

　株主に不当な目的があるからといって、質問内容が総会の目的事項に関する質問である限り、これに対する回答を拒絶することは説明義務違反となり、ひいては株主総会決議の取消事由となるリスクをはらみます。また、事前質問状に記載された質問は、調査を必要とすることを理由に説明を拒むことができません(会社法施行規則71条1号イ)。ですから、事前質問状の内容が、

4　東京地判平成元・9・29判時1344号163頁など。

株主総会の目的事項（決議事項および報告事項）に関連するものであるか否かを見極めて、総会できちんと説明ができるよう準備をしておくことが肝腎です。

　株主Ｂが事前質問状に記載している質問内容（当期に計上された特別損失２億円に係る責任についての会社の考えを問うもの）は、定時総会に提出される事業報告や計算書類の内容に関連しますから説明義務の範囲内です。したがって、特別損失や不正とされる融資の内容、経緯等は、株主総会において実際に質問がなされた場合に誠実な回答ができるように整理して準備をしておく必要があります。事前質問状が複数ある場合の説明方法としては、総会での個別の質問を待たずに一括回答によって説明することも合理的な総会運営方法として許容されています。[5]

　近年は、株主総会を会社と株主との直接対話の場ととらえ、議題に関係のない質問であっても丁寧に説明し回答することを基本とする、いわゆるIR（Investor Relations）型の株主総会を運営する会社が増えています。そのような会社にあっても、株主（投資家）の関心に応え、情報を発信するIR活動と、不当要求を目的とする株主の質疑応答とを峻別し、後者に対する備えを万全にしておかなければならないことはいうまでもありません。

3　議題提案権行使の場合（少数株主権等の行使）

(1)　議題提案権

　株主は、一定の事項を株主総会の目的とするよう会社に請求することができます（議題提案権。会社法303条１項）。株主Ｂの質問状のうち「株主総会の議題にＣによる不正融資問題を取り上げろ」という記載は、「Ｃ取締役解任の件」といった会社が予定していない議題の提案である可能性があります。

　もっとも、公開会社の場合、議題提案権を行使できるのは、総株主の議決

5　東京高判昭和61・2・19判時1207号120頁など。

権の100分の1以上または300個以上の議決権を6カ月以上保有している株主に限られますので（会社法303条2項。ただし、定款で下回る条件が定められている場合があります）、株主Bがこのような行使要件を充たしていることが必要です。

　行使要件を充たす適式な議題提案であれば、会社は、株主総会招集通知にその議題を記載し（会社法299条4項）、株主総会参考資料に提案の理由等を記載するなど（会社法施行規則93条1項、66条など）総会決議に向けた準備をすることになります。

(2)　個別株主通知

　ここで注意すべきは、振替制度下の株主が議題提案権などの少数株主権等を行使するにあたっては、会社が上記のような株主資格を確認できるよう「個別株主通知」をしなくてはならないということです（振替法154条2項・3項）。従前は、株主は一度名義書換えをすれば、それ以降は会社に対して株主の権利を主張することができたのですが、振替株式となってからは、少数株主権等を行使するたびに個別株主通知という手続を踏まなくてはなりません。

　公開会社にあっては、遅くとも議題提案権を行使できる期間内（株主総会の日の8週間前まで（会社法303条2項。ただし定款で下回る期間が定められている場合があります））には、個別株主通知が会社に到達していることが必要と考えられます。

　なお、議案提案権については、以下の行使要件があります（〔表〕参照）。

① 　公開会社では、少数株主（6カ月前からどの時期をとっても、総株主の議決権の1％以上または300個以上の議決権を有していた株主）が行使でき

6　ペーパーレス化された株式の流通のしくみとして社債、株式等の振替に関する法律（振替法）により創設された制度。振替制度で取り扱われる株式は振替株式といい、定款に株券を発行する定めがない会社の株式（譲渡制限株式を除く）であって、振替機関（株式会社証券保管振替機構）が取り扱うものをいいます（振替法128条1項）。株式が振替制度で取り扱われるためには発行会社の同意が必要ですが（同法13条1項）、証券取引所に上場するためにはこの同意は不可欠です。

ます。

② 　非公開会社かつ取締役会設置会社では、少数株主（総株主の議決権の1％以上または300個以上の議決権を有していた株主）が行使できます。

③ 　非公開会社かつ非取締役会設置会社では、単独で行使できます。

〔表〕　議題提案権の行使要件

	取締役会設置会社	非取締役会設置会社
公開会社	保有期間：6 カ月前から 保有株式数：1 ％または300個以上	
非公開会社	保有期間：制限なし 保有株式数：1 ％または300個以上	保有期間：制限なし 保有株式数：制限なし

＊コラム＊

▷蛇の目ミシン事件

　反社会的勢力の不当な要求に対して、役員が適切な対応を行わず、便宜を図ってしまった場合、その決定を行った役員について任務懈怠責任が問われる可能性があります。そのような事態にまで至ってしまった著名な一例として、蛇の目ミシン事件をご紹介します。

　バブル経済後期、蛇の目ミシン工業株式会社（以下、「蛇の目ミシン」といいます）の株式が、ある人物（以下、「A」とします）と、Aの設立した会社によって、大量に買い付けられるという出来事がありました。Aはいわゆる仕手筋として知られており、暴力団との関係も取り沙汰されていた人物でした。Aは多数の株式の保有を背景に、蛇の目ミシンの取締役に就任して、会社の内部に入り込んできました。

　蛇の目ミシンの経営陣は、Aの存在が会社の社会的信用を損なうものと考えて、Aらの保有する蛇の目ミシン株を、なるべく早期に引き取ることが望ましいと考えました。ところが、Aは蛇の目ミシンの役員らに対し、保有する株式をすべて、よりによって暴力団の関連会社に売却し

たと告げ、「新大株主は蛇の目ミシンにも来るし、〇〇銀行（蛇の目ミシンのメインバンク）のほうにも駆け上がっていく。とにかくえらいことになったな」と言い放ちました。

　売却を取りやめてほしいと懇請する役員らに対し、Ａは売却を取り消したいのであれば300億円を用立てるように要求しました。Ａと交渉していた取締役らは、300億円をＡに与えることが、経営者の責任問題になるとわかっていました。しかし、Ａから「大阪からヒットマンが2人来ている」などと脅迫された取締役らは、蛇の目ミシンに債務を保証させ、自社所有の土地建物に抵当権を設定させたうえで、メインバンクの系列会社から蛇の目ミシンの子会社等を通じて、Ａの会社に300億円を迂回融資させてしまいました。

　さらにＡは、蛇の目ミシンの株の購入資金として借り受けていた、966億円の債務の肩代わりを、蛇の目ミシンの経営陣に要求しました。結局、蛇の目ミシンの取締役らはこの要求にも応じて、関連会社に債務を肩代わりさせました。形式的には関連会社が債務を肩代わりしていたものの、蛇の目ミシンが自社の工場敷地を担保に提供するなどし、関連会社が支払不能になれば、最終的に蛇の目ミシンがその債務を引き受けざるを得ないという関係にありました。

　これらの行為によって、会社に損害が生じたとして、蛇の目ミシンの株主によって、取締役の責任を追及する株主代表訴訟が提訴されました。裁判では、経営陣による利益供与が認められ、580億円余の損害賠償責任が認められることになりました。

　判決では、会社に対して株主の地位を濫用した不当な要求をされたときは、法令に従った適切な対応をすべき義務があると明言されました。また、Ａの言動に対し、警察に届けるなどの、適切な対応を期待できない状況にあったとはいえず、取締役らの過失は否定できないとされました。

　蛇の目ミシン事件では、A問題の対応に従事して上記利益供与を他の役員に提案した取締役だけでなく、その提案に取締役会の内外で同意した、A問題の対応についてあまり発言権がなかった取締役についても、損害賠償責任が認められました。取締役は会社に対して忠実義務、善管注意義務を負っており、株主の地位を濫用した不当な要求に対しては、毅然と要求を拒絶して、適切な対応を行うことが、役員の任務として求められるといえます。

Q9　不動産業者の乗っ取り

　　私は、不動産会社A社を経営しています。以前は、A社の業績は順調でしたが、ここ10年の間に徐々に悪化し、今では数十億円の負債を抱えて、利払いすらままならない状態です。A社は数棟のマンションを所有し、毎月数百万円の賃料収入がありますが、このままでは金融機関が賃料を差し押さえてこないとも限りません。しかも、従業員の給料の支払いにも行き詰まってきました。

　そんな中、知人の紹介でG社という金融会社が1000万円を融資してもよいと言ってきました。そして、銀行の差押えがこないように、A社のマンションの名義を信託でG社に変えたほうがよい、そのためにはA社の委任状が必要だ、委任状の委任事項はこちらで書き込んでおくから空白にしておいてほしい、などと言ってきました。

　G社のことを少し調べてみましたが、G社は、暴力団がバックについている会社のようです。しかし、G社の代表者のFさんは物腰も柔らかで非常に親切にしてくださるので、信頼のおける人物だと思います。正直少し不安はありますが、背に腹はかえられません。G社に委任状を渡

> し、融資をお願いしてもよいでしょうか。

 ## 1　白紙委任状を交付することの危険性

　委任事項や委任の相手方を空白のままにしておき、その決定を相手方やその他の者に委ねる委任状を、一般的に「白紙委任状」といいます。A社がG社に渡そうとしている委任状は、この白紙委任状にあたります。

　委任事項が空白の状態の白紙委任状を交付してしまえば、G社がA社から委任されていない事項を白紙委任状に書き込んでしまうおそれがあります。委任事項が空白の状態の白紙委任状を交付するということは、すなわち、G社に対し、あらゆる法律行為につきA社を代理して行うことを事実上許してしまうことになってしまうのです。

　G社が、暴力団がバックについているような怪しい企業であることを知っていながら、白紙委任状を交付することは、あまりにも危険であり軽率な行為といえます。

2　G社が白紙委任状を手に入れたら……

　では、この事例で、A社がG社に白紙委任状を渡してしまうとどうなってしまうのでしょうか。その一例として、次のような事態が生じることが想定できます。

　まず、G社は、A社の委任状を使って、A社のマンションをG社名義に変えることができ、それに伴ってA社のマンションの賃料収入を、すべてG社のものとすることができます。そうなれば、マンションの賃料収入はA社には一切入りません。

　それだけでなく、G社はA社の白紙委任状を悪用してA社が保有するその他の土地、建物についても、G社名義に変えることができます。もしA社が、失った不動産を取り戻そうと思っても、A社の委任状に基づいてG社名義に

変えられている以上、明渡しを争うのは非常に困難です。

　A社が賃料収入を絶たれ、保有していた資産を失ってしまえば、いくら会社を立て直そうと思っても、収益を上げるための事業活動を行うこと自体が不可能となってしまいます。こうなると、A社はもうお手上げです。

　このように、会社の窮状に付け込んで会社を乗っ取ることを専門にしているフロント企業も存在します。上記のような事態はあくまで一例にすぎませんが、フロント企業が白紙委任状を手に入れれば、このようなことが簡単にできてしまうのです。

3　早期に弁護士に相談を

　弁護士に相談すれば、A社がG社の誘いに乗った場合にどのような事態が生じることが想定できるか、法的な観点からアドバイスが可能です。

　経営が苦しいからといって、甘い誘いに簡単に乗ってしまうのではなく、おかしいなと思ったら、できるだけ早い段階で弁護士に相談しましょう。

Q10　不法使用された「賃貸」マンションの明渡しの方法

　私は、賃貸マンションを所有しています。その1室を普通の会社員であるというAに、居住用として賃貸しました。

　ところが、いつの間にか、玄関に「B社」という看板が掲げられ、Aのほかにもいかにも怖そうな人が多数出入りするようになりました。どうやら事務所として使用しているそうです。部屋に出入りしている人たちは、マンションの駐車場の契約スペース以外の場所に勝手に高級外車を何台も駐車するなど、他の住民の迷惑となる行為を繰り返しており、他の住民から多数の苦情が寄せられています。

　B社がどのような会社かを調べてみると、暴力団であるC組の幹部が

役員を務めており、今までに数々のトラブルを起こしてきた会社だということがわかりました。このままＢ社の関係者がマンションへの出入りを続ければ、また何らかのトラブルを起こすのではないかと不安でなりません。

どうにかなりませんか。

 　本設問のように迷惑行為が繰り返されている状況では、Ａとの賃貸契約を解除し、出ていってもらうことができます。

1　暴力団排除条項に基づく解除

賃貸借契約の際に、借主が暴力団関係者であるかどうかが簡単にわかれば、貸主は賃貸借契約の締結を拒否するなどして、暴力団関係者の入居を防止することができたでしょう。しかし、実際は、本設問のように一見普通の会社員であるように装って入居申込みがなされる例が多く、入居段階で入居者が暴力団関係者であるかどうかを判別することは難しいのが普通です。

そこで、貸主側としては、入居申込みの時点で「暴力団関係者ではありません」という誓約書の提出を求めたり、賃貸借契約書に「暴力団関係者であることが判明した場合には、賃貸借契約を解除することができる」といった条項（「暴力団排除条項」または「暴排条項」といいます）を入れるケースが増えています。Ａとの賃貸借契約に暴排条項があれば、この条項に基づいて解除することができます。

2　使用目的違反に基づく解除

もし、あなたが、契約段階で賃貸借契約書に暴力団排除条項を入れていなかったとしても、本設問のように、マンションが事務所として使用されているときは、「居住用」という使用目的に違反しますから、使用目的違反を理

由にＡとの間の賃貸借契約を解除することができます。

3　無断転貸に基づく解除

名義人ＡがＢ社にあなたの了解なく貸した（無断転貸した）場合には、無断転貸に基づく解除（民法612条）が可能です。

4　解除後の立退き

あなたが、Ａと結んだ賃貸借契約を解除したとしても、ＡやＢ社の関係者がそのまま居座ることも考えられます。そのような場合は、ＡやＢ社を相手取って、明渡訴訟を提起し、明渡しを命じる判決を得て、強制執行をすることができます。

もっとも、強制執行を終えるまでの間にＡやＢ社が居室の占有を第三者に移してしまい、執行を免れる危険性があるので、事前に占有移転禁止の仮処分を申し立てるとよいでしょう。

Q11　不法使用された「分譲」マンションの明渡しの方法

　私は、居住専用分譲マンションを購入して居住しています。ところが、そのマンションの１戸に「政治結社○○」の看板が掲げられ、恐ろしそうな男たちが大勢出入りするようになりました。また、その男たちは、廊下に物を積み上げて倉庫代わりに使い、ごみを窓から放り投げたり、たばこの吸い殻をエレベーターの中などに捨てたりしています。また、マンションの駐車場に勝手に街宣車を駐車したりして、傍若無人な振る舞いをしています。その男たちにマンションから出て行ってもらいたいのですが、どうしたらよいでしょうか。

1　区分所有法（マンション法）

　分譲マンションの区分された各部分の所有者（「区分所有者」といいます）の利益を守ったり、区分所有者同士の利害を調整するための法律として、いわゆる区分所有法（マンション法）と呼ばれるもの（正式には、「建物の区分所有等に関する法律」といいます）が存在します。

　あなたは、この区分所有法に基づいて、以下のとおり、この男たちにマンションから出て行ってもらうための措置をとることができると考えられます。

2　区分所有法による制裁の対象となる行為（共同の利益に反する行為）

　区分所有法は、本設問のように建物の管理または使用に関し区分所有者の共同の利益に反する行為をなした区分所有者、賃借人等に対して制裁措置ができる旨を定めています（区分所有法57条ないし60条）。

　たとえば、建物を不当に棄損する行為、建物を不当に使用する行為、他人のプライバシーを侵害する行為、他人に迷惑を及ぼすような行為、建物の外観を不当に変更する行為等がこれにあたります。

　したがって、本設問のように居住専用マンションに「政治結社○○」なる団体の事務所を開き、共用部分である廊下に私物を積み上げたり、不当に駐車場を使用したりする行為は、共同の利益に反する行為として制裁措置の対象となると考えられます。

3　区分所有法による制裁の内容

　区分所有者等が、このような共同の利益に反する行為をした場合や、するおそれがある場合には、他の区分所有者は、そのような行為の停止、行為の結果の除去、予防のための措置を請求することができます（区分所有法57条）。

　さらに、他の区分所有者の共同生活上の障害が著しい場合、裁判所に訴える方法で、その区分所有者に専有部分の使用禁止を請求し（区分所有法58条）、さらにはその区分所有者の区分所有権および敷地利用権の競売を請求することができます（同法59条）。

　また、その違反者が賃借人である場合には、区分所有者との賃貸借契約を強制的に解除し、その専有部分の引渡しを請求する訴えを提起することができます（区分所有法60条）。

　ただし、行為の停止・結果の除去・予防のための措置を請求する場合には、マンション管理組合の総会において、区分所有者および議決権の過半数による決議が必要であり（区分所有法57条2項、39条1項）、その他の場合には区分所有者および議決権の各4分の3以上の多数による議決および違反者に対して弁明の機会を与えることが必要です（同法58条2項、59条2項、60条2項）。したがって、上記決議が可決されるよう区分所有者が一致団結することが必要です。

4　マンション管理規約の整備

　マンション管理規約に反社条項が整備されていない場合は、上記のような対処をより容易に行うことができるよう、管理規約の改正を提案し、反社条項を整備することが望ましいでしょう。

　その際に設けるべき条項としては、以下のようなものがあげられます。

①　区分所有者が反社会的勢力であること、または区分所有者が反社会的勢力に専有部分を使用させることが、区分所有法6条1項の「区分所有者の共同の利益に反する行為」に該当することを確認する条項

②　区分所有者が、管理組合に対し、「自らが反社会的勢力でないこと」および「専有部分を反社会的勢力に使用させないこと」を誓約する旨の誓約書を提出する義務を定める条項

③　区分所有者が第三者に対し専有部分を使用させる場合には、当該区分

所有者に対し、当該第三者から上記②と同様の誓約書を取得し、管理組合に提出する義務を定める条項

④　区分所有者が第三者に対し専有部分を売却または賃貸する場合には、区分所有者に対し、管理組合の定める暴排条項の整備された売買契約書または賃貸借契約書を用いたうえで管理組合の承認を得る義務を定める条項

⑤　反社会的勢力である区分所有者、反社会的勢力に専有部分を使用させている区分所有者または上記各義務に違反する区分所有者に対し、違約金の支払義務を定める条項

　これらの条項が整備された管理規約をもつことで、反社会的勢力による専有部分の使用をあらかじめ防ぐことができますし、仮に、反社会的勢力によって専有部分が使用されるに至った場合であっても、区分所有法57条ないし60条の規定を用いて反社会的勢力を排除する途が開けます。

　なお、本設問における「政治結社○○」がどのような団体であるかは不明ですが、管理規約における反社会的勢力の定義に該当しなければ意味がありません。そこで、反社会的勢力を、「暴力団、準暴力団、えせ右翼団体もしくは極左暴力集団その他の暴力、威力若しくは詐欺的な手段を用いて一定の目的を達成しようとする集団又はその構成員」などと、比較的広く定義することで対応すべきでしょう。

Q12　資産家の土地を狙って

　私は、夫に先立たれ、名古屋市近郊で独り暮らしをしています。子供はいません。夫の遺産として1000坪近い土地を相続しましたが、何に使うこともなく空き地として放ってありました。そんな折、遠い親戚のＢが訪ねてきて、「このまま土地を遊ばせていてはもったいない。今

ならまだ高く売れるので切り売りしたらどうか。将来のことを考えれば現金を少しでも手元に置いておいたほうがよい」などと親しげに勧めてきました。

　Bは、私も知っている有名な不動産業者C社の従業員を連れてきました。そのC社の従業員は、私に「公道に面した土地であれば高値で買うG社という会社がある。そのG社は地元で貿易の仕事をしており間違いない会社だ。一度会ってみたらどうか」などと勧めました。

　しかし、買主と思われる人が土地を見に来たときの様子が少し引っかかりました。派手な格好をした男性2、3人が派手な高級車に乗ってきて、私の家の前の道に堂々と停め、わがもの顔にあたりを歩き回って大きな声で話し合っていたのです。

　また、土地は一筆なのですが、C社の従業員からは「G社の意向で売買契約は2回に分けて行う」との説明を受けました。

　このままBの持ってきた話を進めても大丈夫でしょうか。

　1　うまい話を鵜呑みにしない

　親戚や有名な会社の言うことでも、鵜呑みにしない慎重さや、些細な言動や雰囲気から少しおかしいなと気づく感性が必要です。おかしいなと思ったら、自ら調査をし、弁護士に相談することも検討しましょう。

2　質問の事例の顛末

　相談者（Aさん）の事例の顛末は次のようなものでした。

　不動産業者のC社の従業員がAさんに渡した買主のG社の代表者の名刺をもとにAさんが訪ねてみると、G社の所在地は風俗店が入った雑居ビルで、G社の看板はどこにもありませんでした。また、法務局に行ってG社の法人登記簿謄本をとってみると、事業の目的には、C社の説明したような貿易関

係の仕事は入っていませんでした。

　そこで、Aさんは知人の紹介でY弁護士のところに相談に行きました。Y弁護士の調査によると、G社の役員には地元でも有名な暴力団組長の親戚が入っていて、G社は警察でも以前からマークしているフロント企業の1つだということがわかりました。また、G社は土地を高く購入するともちかけ、まずは公道に面した部分のみを購入し、残りの部分を安く買いたたく方法で、不動産を買い漁っているということでした。

　このままG社との売買の話を進めて、G社がAさんの土地の公道に面した部分を買い取ってしまえば、1000坪近い土地全体の利用価値をG社に左右されてしまいます。G社は最初からAさんの広大な土地を不当に安く取得することが狙いであり、そのために土地を2筆に分けて、売買契約を2回に分けて行うということだったのです。

　Y弁護士はG社に対し、売買契約をするつもりはないと内容証明郵便で返答しました。

　すると、突然、G社の社員と称する人物が2人、Y弁護士の事務所を訪ねて来ました。身なりも言葉遣いも、暴力団員そのものです。「突然こんな手紙をよこして何だ。どうして契約をしないか、納得できる理由を聞くまで帰らんぞ。ふざけるな」と大声で怒鳴り続けました。G社がフロント企業であることを自ら認めたことと同じことでした。

　Y弁護士の交渉の結果、AさんとG社との売買契約の話は白紙になりました。Aさんは寸前のところで助かったのです。

3　納得いくまで調査が必要

　後からわかったことですが、Bは金に困って、Aさんに不動産を売却させ、少しおこぼれにあずかろうとして、C社に売却の話を持ち込んだのです。不動産業者C社の従業員は、契約を成立させ、手数料を得たいばかりに、G社の素性をろくに調査もせずに、Aさんに土地売却の話をしていたのでした。

おかしいと思ったら契約をしてしまう前に専門家である弁護士に相談しましょう。

Q13　手形帳の大量発行を強要

　　私はＡ銀行の支店長をしています。当支店に当座預金口座を開設しているＢから、突然「手形帳を10冊交付してほしい」との申出がありました。しかし、これまでＢに一度に交付した手形帳は２、３冊程度でしたし、Ｂの取引状態からすると、とても10冊もの手形帳を交付できないのでお断りしました。その後、Ｂとともに「○○経済研究所」という名刺を持ったＣが当支店を訪れ、「Ａ銀行から手形帳がもらえなかったので、そのためにＢが倒産の危機にある。Ａ銀行の本店や支店に街宣をかけてやる」と言ってきました。どうしたらよいでしょうか。

A　1　与信行為を慎重に行うのは当然のこと

　手形帳を交付する行為は、その顧客がきちんと手形を決済する資力があるという信用を与える行為にほかなりません。同時に、銀行がその顧客を信用していることを第三者に示していることにもなります。したがって、信用できない相手に手形帳を交付したのでは、銀行の与信責任を問われかねません。また、10冊もの手形帳が一度に必要になることは通常あり得ないことであり、手形の濫発も予想されます。手形が濫発されてしまい、その後Ｂが不渡りを出したような場合にはその手形を受け取った多数の人に不測の損害を与え、社会的問題にもなりかねません。

　したがって、顧客Ｂの取引状態を考慮して手形帳の交付を拒絶したことに問題はありません。まして、Ｂが破産の危機にあるか否かも不明ですし、大

量の手形帳を交付しなかったことが破産に結びつくということは考えられません。ですから、BやCに対しては、銀行には何ら責任がない旨をはっきり告げてください。

2　具体的対処法

とはいえ、本店や支店に街宣をかけられたのでは、通常業務に影響が出ますし、信用を重んじる銀行として好ましいことではありません。そこで、弁護士に依頼し、Bらの要求を拒否するとともに、違法行為をしないよう警告してもらうことが考えられます。また、街宣行為がなされたら直ちに街宣禁止の仮処分決定を得ることができるよう、あらかじめ証拠を収集する準備をしておくとよいでしょう。

具体的には、本店や支店などにビデオカメラや録音機、騒音測定器などを準備し、街宣行為があったら、すぐその様子を録画・録音してください。また、BやCとの交渉経過は逐一記録しておいてください。

なお、BやCが街宣行為を過去に何度も行っていることが判明したような場合には、その新聞記事などの資料を添付したことにより、街宣禁止の仮処分決定が出た例もありますから、いろいろな情報を収集するようにしてください。

Q14　銀行クレーム対処法

私は、ある地方銀行の支店長をしています。先日、当支店の窓口に、Xと名乗る人物が、相手先銀行の口座に今日中に300万円を送金するよう依頼してきました。しかし、その時点で午後2時半を回っていたため、窓口で対応した者がXに対し、翌日の着金になる可能性が高いことを説明しました。ところがXは、「ごちゃごちゃ言わずにさっさと

やれ」と迫ったため、窓口で対応した者が送金依頼を受け付けました。受付後、当支店で可能な限り速やかに送金手続を行いましたが、相手先銀行の口座への着金が翌日になってしまいました。

　そうしたところ、数日後、Ｘが手下のような若者２人を引き連れて当支店に押しかけ、当支店の応接室で私が１人で対応することになりました。その際、３人に長時間取り囲まれて「300万円の着金ができなかったので、取引がつぶれて3000万円の損害が出た。どうしてくれるんだ」とすごまれたため、耐えかねて「責任をとる」との一筆を書いてしまいました。どうしたらよいでしょうか。

 1　本設問における銀行の窓口対応の問題点

　まず、当日中の着金が難しいにもかかわらず、相手の圧力に負けて送金依頼を受け付けてしまったことは問題です。

　また、相手が後日銀行を訪れた際、支店長１人で対応し、さらには、Ｘらの脅しに屈して「責任をとる」との一筆を書いてしまったことは大きな失敗といえます。今後、Ｘが、この書面を盾にとり3000万円を強く要求してくると思われますし、それだけにとどまらず、単に「責任をとる」と書かれていることを逆手にとって、さらなる不当要求をしてくるおそれもあるからです。

　もっとも、一筆を書いたからといって銀行またはあなたが必ず責任をとらなければならない、ということはありません。臆することなく毅然とした態度で対応してください。

2　対応策

　本設問のようなケースで損害賠償が認められるためには、銀行に何らかの過失が認められる必要があります。ところが、本件では、窓口で対応した行員が翌日の着金になる可能性が高い旨説明しており、また、午後２時半過ぎ

の送金依頼であれば、銀行側がいかにスムーズな処理を行ったとしても翌日の着金になることは仕方がないといえます。そのため、本件では銀行に過失はなく、損害賠償義務はない、との反論も十分に成り立つものと考えられます。

　書いてしまった「一筆」についても、単に「責任をとる」という文では抽象的であり、具体的な損害賠償義務を負う内容の合意は成立していない、という主張が可能です。

　仮に、合意が成立するとしても、「責任をとる」という一筆は、本来責任がないにもかかわらず、3人に長時間取り囲まれて書かされたものですから、強迫による意思表示として取り消すことが可能です（民法96条1項）。

　また、Xらの要求への備えとして、振込依頼書に書かれた送金先の会社の登記事項証明書を取り寄せてその会社の概要を確認することが必要です。Xとその会社が関係しており、銀行に不当な金銭の要求をするために架空の取引を装っている可能性があるからです。また、Xが送金依頼に来たときの状況を記録しておくとともに、Xら3人が後日銀行にやってきたときの交渉の状況を報告書やメモで残しておいてください。

　これらの調査や記録を残すとともに、Xに対して、責任をとるという一筆を書いたことについて具体的な損害賠償義務の合意が成立していないこと、仮に合意が成立するとしても強迫を理由として取り消す旨、並びに今回の件で銀行に過失がないこと、したがって何らの責任がないことを内容証明郵便ではっきりと通知してください。

　もし暴力的な言動をするおそれのある者がクレームをつけに銀行に押しかけた場合、1人で対応せず、必ず複数、しかも相手よりも多い人数で対応すべきです。

　また、無理な要求あるいは不当な要求がなされた場合、圧力に屈して受け入れてしまうのではなく、毅然とした態度ではっきりと要求を断るべきです。

　さらに、行員を脅すような言動があった場合には、脅迫罪（刑法222条）、強要罪（同法223条）または恐喝罪（同法249条）などの犯罪が成立する可能性

がありますので、直ちに警察へ通報すべきです。

　ここで重要なのは、これらの対応策を支店長であるあなただけが把握しておくだけではなく、日頃から対応マニュアルを作成するなどして、反社会的勢力等が不当なクレームをつけてきたときにどのように対処したらよいかを行員全員に周知することです。

Q15　監督官庁・取引先への嫌がらせ

　私は、食品メーカーのお客様相談室でクレーム対応をしています。ある日、お客様から「お前の会社の製品を食べて食中毒になった。責任をとれ。さもなくば、お前の会社の取引先や役所にも話をしにいくから覚悟しておけ」と言われ、その場では回答を保留しました。急いで当社が調査したところ、同じようなクレームはほかには一切なく、そのお客様自身が食中毒になったという事実すら確認できませんでした。

　ところがその後、このお客様が、当社の重要な取引先や監督官庁を毎日のように訪れて「責任者を出せ」と騒いだり、取引先や監督官庁の建物の周りで当社を批判する内容の街宣活動を繰り返したりするので、当社に対し「何とかしてくれ」との苦情がきています。

　当社としては、どのように対処すればよいのでしょうか。

A　1　関係者への攻撃

　反社会的勢力の嫌がらせ行為は、当事者に直接向けられるばかりではありません。監督官庁や大切な取引先などへ向けられることもあります。むしろ、こうした関係者への嫌がらせ行為は、反社会的勢力による不当要求の典型的な手口の１つといえます。彼らの目的は、監督官庁や取引先に迷惑がかかる

ことを恐れた被害者に譲歩案を出させ、不当に金品を得ようとすることにあるからです。行為の具体例としては、関係者のところへしつこく訪問して悪評を並べ立てたり、取引先などの会社の付近へ街宣車を走らせて街宣活動をしたりすることなどがあげられます。また、監督官庁に対して許認可取消しといった行政的な処分を強要するケースもあります。

2　反社の圧力に屈しないこと

　このような場合、相手の不当な圧力に決して屈せず毅然とした態度で臨むことが重要です。本設問では、調査の結果そもそも相手が食中毒になったこと自体が確認できないのですから、相手の要求をきっぱりと断るべきです。

　もし、あなたの会社が、相手の要求に応じてしまえば、味を占めた相手からさらなる不当要求がなされるおそれがありますし、さらにはその噂を聞きつけた他の反社会的勢力が同様の不当要求や嫌がらせ行為をしてくるおそれもあります。

　また、あなたの会社が、事が大きくなることを恐れて相手の要求に簡単に応じてしまうと、後に、こうした対応をとったこと自体が、あなたの会社の信用を大きく失わせることにもなりかねません。平成19年反社指針以降、取引を含めた反社会的勢力との一切の関係遮断を求められる今日では、不当要求に応じることで反社会的勢力と密接な関係にあると疑われる危険すらあるのです。

3　具体的な対策

　監督官庁や取引先と協議し、仮処分の申立てや刑事告訴などができないか、弁護士に相談して検討しましょう。そのためにも、嫌がらせ行為がなされるまでの経緯や事情を監督官庁や取引先にはっきりと説明して事情を理解してもらうことが必要です。

　このように、取引先や監督官庁との連絡体制を確立し、関係者のところへ

出向いても効果がないことを反社会的勢力に知らしめることが、この種の嫌がらせ行為を防止するのに非常に効果的です。

Q16　役所を脅すクレーマーの狙い

　　私は、Ａ市の土木課に勤務しております。先日、Ｂという暴力団員風の男が当課に現れて、「市道を車で走っていたら、道路改良工事の柵に取り付けてあった土木会社Ｃのネームプレートが飛んできて、オレの車に当たってバンパーに傷がついた。市道の工事だからＡ市に責任があるはずだ。修理費が500万円かかっているから、とにかく誠意をもって対応してもらうからな」と言ってきました。私は、その場で回答を保留して名刺だけもらってその日は何とか帰ってもらったのですが、そのときにＢからもらった名刺には肩書としてＤ土木株式会社取締役と書かれていました。Ｂはその足で土木会社Ｃのところにも行ったそうです。

　　Ｂが今後、私たちに対しどのような要求をしてくるのか不安です。これからどのような対応をしていけばよいのでしょうか。

A　1　本設問におけるＢの狙い

　本設問では、Ａ市の市道の道路改良工事現場から飛んできたものが車に当たったと主張されていることから、業者だけでなく、行政の責任が問われる可能性があります（国家賠償法２条１項）。

　本設問でのＢの狙いとしては、まず、Ａ市と土木会社Ｃに高額な修理費を請求して不当な利益を得ようとしていることが考えられます。しかし、Ｂはそれだけにとどまらず、このようなクレームを足がかりにして、Ａ市や土木会社Ｃに対し圧力をかけ、Ａ市の道路改良工事について土木会社Ｃから下請

けを受けることを狙っている可能性があります。

2　対応の心構え

　反社会的勢力からの不当要求があった場合に、あなた1人で対応することは不可能ですし、とても危険です。まずは、上司に報告したうえで、A市として組織的に対応する必要があります。具体的には、次に相手と接触する前に、応対係、制止係、会話の記録係、緊急時の通報係等、役割分担を事前に決めて、複数による窓口対応をとるなど、A市として対応の準備をしておくことが必要です。また、職員同士、A市内部の組織同士および土木会社Cとの間で十分に情報交換をして連携を図ることが必要になります。

　そして、最も大事なのは、職員各自が反社会的勢力による不当要求に決して屈しないという強い意志をもつことです。行政機関が反社会的勢力による不当な要求に応じることは、行政の公平性、透明性を害し、ひいては公権力が暴力によって支配されることを許すことにもなりかねないのです。反社会的勢力による不当要求に対しては、決して応じてはならないことを肝に銘じて対応すべきです。

3　まずは十分な事実確認を

　本設問では、そもそもBが主張するような事故が起こったかどうか、まだ確認できていません。そのため、A市としては、まず事実確認をすべきです。たとえば、本当に工事現場にそのようなネームプレートがあったのか、そのネームプレートは柵のどのあたりにどのような方法で取り付けてあったのかなどを、土木会社Cに連絡したり現場に行くなどして確認する必要があります。また、Bに実際に車を見せてもらい、車に本当に傷がついているのかを確認したうえで、ネームプレートによってそのような傷がつくことがありうるのか、近くに防犯カメラがないかを調査すべきです。

4　修理費

　Bは500万円の修理費がかかったと主張していますが、ネームプレートが当たっただけの傷の修理費としては高額すぎる可能性が高いと思われます。そこで、本当にBの主張する事故が起こっていて、車の傷がネームプレートによる傷であることが確認できたとしても、修理見積書など修理費を客観的に証明できる書類の提出を求めて、修理費が適正か否かを調査すべきです。そのうえで、必要であれば適正な修理費をBに支払うようにすべきです。不当な高額要求に簡単に応じてはいけません。

　なお、土木会社Cに、ネームプレートの取り付け方がずさんだったなど一定の過失が認められる場合は、A市がBに対して支払った修理費の一部を土木会社Cに求償することができるので、覚えておかれるとよいでしょう（国家賠償法2条2項）。

5　下請参入の要求

　後日Bは土木会社Cに対し、A市の工事につき、配下のD社を下請けとして参入させるよう何度も要求しました。また、A市の担当者にも、土木会社Cに圧力をかけ、D社に下請参入をさせるよう口利きを要求しました。

　暴対法は、指定暴力団の暴力団員が、請負の発注者または受注者に対し、その者が拒絶しているにもかかわらず下請けを要求する行為を禁止しており（暴対法9条3号）、さらに違反する者に対して、公安委員会は行政処分としての中止命令をすることができ（同法11条1項）、罰則も設けられています（同法46条）。

　したがって、BがA市または土木会社Cに対し下請参入を要求してきた場合は、Bが指定暴力団員である可能性もありますから、警察に相談するのがよいと思われます。

　いずれにせよ、A市としては、毅然とした態度でBの不当要求を断るべき

ですし、土木会社ＣもＢの不当要求に応じないように土木会社Ｃと十分に連絡を取り合って対処すべきです。

Q17　借りた相手がヤミ金融だった

　　　ヤミ金融とはどういうものですか。また、どのような点に注意する必要がありますか。

 ## 1　借入れを行う前の注意点

　貸金業を営む場合、貸金業法上の登録を行うことが必要であり、登録を受けないで貸金業を営んだ場合には刑事罰の対象となります（貸金業法47条2号、11条1項）。また、貸金業法上の登録を行っていたとしても、年20％を超える高金利での貸付けを行うと、出資法（出資の受入れ、預り金及び金利等の取締りに関する法律）に違反し刑事罰が科されます（出資法5条）。

　上限金利を超える違法な高金利での貸付けを行う業者は、反社会的勢力である可能性が高く、貸金業法上の登録を行わないで貸付けを行う業者とともに「ヤミ金融業者（ヤミ金）」と呼ばれています。

　ヤミ金融業者の中には、法律上定められた年20％の金利を大幅に超過する10日で1割（年利365％。いわゆる「トイチ」）であるとか、10日で3割（年利で1095％）、あるいはそれ以上の超高金利での貸付けを行っているものがあります。また、一見すると適法な金利での貸付けを装い、貸付けの際に貸付金から天引きを行うなどして、実際には法律で定められた金利をはるかに超える金利での貸付けを行う巧妙な業者も存在します。

　また、ヤミ金融業者の中には、事業者に対して電話やファックスなどで勧誘し、手形や小切手を担保として郵送させて高金利で貸付けを行うものもあ

ります。このような手法はシステム金融と呼ばれ、手形や小切手を担保にとられてしまうことから、それらの手形等が不渡りにならないよう決済資金の調達を迫られ、さらに別のヤミ金融業者からの借入れを行うなどの悪循環に陥ってしまいます。

　これらの違法な貸金業者からの借入れを行うのは、大抵の場合、資金繰りに困った挙句のことであると思われ、金利等の貸付けの条件を確認することがおろそかになりがちですので注意が必要です。貸金業法上の登録の有無や貸付けの条件を確認し、このような業者から借入れを行わないことが非常に重要です。

2　すでに借入れをしてしまった場合

　最高裁判所は、法律の規定をはるかに超える年利数百％から数千％という高金利での貸付けを行っていたヤミ金融業者からの借入れについて、受け取った元金を返済する必要がないことを明らかにしました（最高裁平成20年6月10日判決）。したがって、このような高金利での貸付けを行うヤミ金融業者からの借入れについては元金を含めて返済する必要がないということになります。なお、ヤミ金融業者に対して返済してしまったお金については不当利得として返還を請求することができますので、早期に弁護士等の専門家に相談することが必要です。

　ヤミ金融業者は暴力的・脅迫的な取立てを行うことが多く、その行為自体が脅迫罪（刑法222条）や恐喝罪（同法249条）に該当する可能性があります。また、ヤミ金融業者による取立行為が直接には暴力的、脅迫的でなかったとしても、貸金業者の取立てについては、人を威迫するような行為を禁止するのはもちろん、社会通念に照らし不適当と認められる時間帯の取立行為、勤務先等の居宅以外での取立行為、債務者以外の者への取立行為は禁止されており、これに違反した場合には、刑事罰が科されます（貸金業法21条1項、47条の3第1項）。

　このように、ヤミ金融業者の行為の多くが犯罪となる可能性がありますので、被害を受けた場合は警察に相談することをお勧めします。

Q18　証券取引と損失補塡要求

　　　　私は証券会社の営業マンです。数年前に不動産業を営むＡに対して株式投資信託を勧誘し、Ａから「借名の口座をつくってくれれば取引する」と言われたので、私はＡのために借名の口座を用意して取引を始めました。以後、Ａは１億円ほどの資産の運用を私に任せてくれるようになり、私にとって大のお得意様となりました。

　ところが、リーマン・ショックで株価が下落し、私の勧めた投資信託も元本割れを起こしてしまいました。Ａは自分の会社に私を呼び出し、右翼団体の名刺をちらつかせて、「おまえ、俺に取引を頼んだときは『絶対に損をさせることはない』、『利回りを保証する』と言ったよな」、「お前のせいだ。どうしてくれるんだ！　誠意を見せろ」などと言い出しました。私が「ちょっと待ってください。利回り保証なんてしていません」と説明しようにも、Ａはすごい剣幕で「この俺に数千万円も損させやがって！　ただで済むと思うな」、「これまでいっぱい稼がせてやっただろ。俺の損失を補塡しろ。それとも何か？　損失補塡は大企業だけか！」などと無茶な要求をしてきました。どう対処すればよいでしょうか。

1　反社からの不当要求に応じない

　右翼団体の名刺をちらつかせて交渉を優位に進めようとするのは、エセ右翼やその関係者に多くみられる特徴です。また、損失補塡（金融商品取引法39条）などの違法行為であっても、自分の利益になるなら平気で要求してく

ることも反社会的勢力の１つの行動パターンです。

　このような不当要求に対しては、会社全体で組織的に対応することが大切です。証券業界では、比較的早い時期から証券取引および証券市場からの反社会的勢力の排除に取り組み、今では各社に「反社会的勢力に対する基本方針」なるものが定められています。まずは、会社の基本方針に従った組織的対応が必要でしょう。その基本方針には、反社会的勢力との一切の取引遮断や民事刑事の両面での法的対応などが掲げられているケースがほとんどです。法律的な対抗策としては、取引約款にある暴排条項に従って取引口座を解約すること、また損失補塡の債務不存在確認請求などが考えうるところです。

2　反社からの脅しに屈しない

　また、不当要求に対しては、脅しや誘惑に屈することなく、毅然と立ち向かうことも重要です。

　この点、有価証券等の売買取引について本人以外の名義を使用して取引を行う「借名取引」は不公正取引の一類型として金融商品取引法157条１号・２号、197条１項５号で禁じられていますので、あなたが借名の口座をＡに用意してしまったことは失点です。この事実をネタにＡから脅されることもあるでしょう。

　しかし、あなたが会社に借名取引の事実が発覚することを恐れて本件を内々に処理しようとしても、反社会的勢力からの要求は次第にエスカレートしていくのが常ですから、いずれ個人レベルでは手に負えなくなります。「俺とお前だけの問題にしておいてやる」などというＡの甘い誘いに屈することなく、今からでも会社にすべての事情を説明して組織として対応策を講じるべきでしょう。

Q19　反社による紳士録商法

　　10年くらい前、当時、某企業の支店長に昇進したばかりの頃、日本○○紳士録名鑑社という業者から「おめでとうございます。当社は著名人や名士の方々の紳士録を作成しております。あなたも掲載しませんか？」との申入れがありました。「著名人」「名士」と言われて気をよくした私は「紳士録」への掲載を承諾してその取材に応じ、掲載料として10万円を支払いました。会社は２年後に退職しましたが、再びその業者から自宅へ連絡が入り、「紳士録をデジタル化するので、更新料の支払いをお願いします」と言われて、そのときは退職金が入ったこともあり、さらに５万円を支払いました。

　　その後しばらくは音沙汰なかったのですが、最近になって、その業者から再び更新料５万円を要求されました。すでに年金暮らしだった私は、その事情を話して掲載の更新を断ると、その業者の態度は一変し、「これまで数年間、掲載した情報を放置するとは何事か。掲載情報を更新するか、抹消するか返事しろ。情報の更新は50万円、抹消の場合は20万円の費用がかかる」と強く言われました。

　　どのように対処すればよいのでしょうか。

A　1　紳士録商法とは

　紳士録商法とは、紳士録への掲載を勧誘し、これに応じた者に紳士録を送りつけて代金を請求し、その後も更新料などさまざまな名目で金員を請求する不当な行為をいい、反社会的勢力の資金源とみられています。この紳士録商法は、会社の管理職や社会的地位のある人の虚栄心に付け込む手法で、最初に自ら個人情報を開示したり、見栄を張ろうとした負い目もあって、被害

が発覚しにくいという特徴があります。

　そもそも、紳士録に自分の情報を掲載することを承諾したとしても、原則として掲載情報を更新する義務を負うものではありませんし、抹消のために新たな費用を支払う義務もありません。また、当然には、掲載された紳士録を購入する義務も生じるものではありません。「紳士録は購入しない。情報の更新もしない。また、抹消費用も支払わない」と毅然とした態度で対応しましょう。

　いくら掲載を断っても、一方的に紳士録を送りつけてきて、返信はがき等で購入するか否かの返答を求められる場合もあります。返答欄が「購入する」、「（次回から）購入しない」（「次回から」の文字がとても小さく書いてある）等、詐欺的なしくみになっている場合もありますので、注意が必要です。また、更新料や抹消費用の請求の際に「今回の最終完了手続をもって、今後の年会費のご請求はいたしません」等と書かれた「年会費継続終了書」が添付されていても、後から別の名目で請求される可能性が残り、相手方を信用してその請求に応じることはお勧めできません。

2　早期に相談を

　このようなトラブルを避けるためにも紳士録の掲載にはご注意ください。また、更新料や抹消費用などを要求されても、安易に支払ったりせず、毅然と対応しましょう。それでも対応に苦慮する場合は、なるべく早期に弁護士等へ相談することが賢明です。

Q20　賛助金

　反社会的勢力による賛助金の要求について教えてください。

1　賛助金とは

　反社会的勢力は、政治的、社会的な運動に協賛する形の賛助金の名目で金銭を要求する場合があります。たとえば、反社会的勢力が交通事故の示談交渉に介入する場合に、交通事故被害者救済運動への賛助金の名目で金銭を要求したり、産業廃棄物処理に関するトラブルに介入する場合に、産業廃棄物処理業者に対して環境保護運動への賛助金の名目で金銭を要求することが考えられます。

　特定の事件において要求される賛助金以外にも、反社会的勢力から定期的に賛助金の要求を受ける場合があります。このような定期的な賛助金の支払いをいったん認めてしまうと、それ以後の賛助金の支払いを拒否するきっかけを見つけることができなくなり、いつまでも支払いを続けざるを得ないような事態に陥ることになります。

　賛助金を要求する反社会的勢力には、政治結社を名乗るもの、同和団体を名乗るもの、名目的には環境保護や被害救済を掲げたNPO法人やボランティア団体などさまざまあります。それは、主義・主張や志を同じくする者が結集したというより、むしろ不当に要求するテーマごとにそれらしい団体を名乗っているのでしょう。中には、1人の人間がいくつもの名刺を使い分けている例も珍しくありません。

　また、このような賛助金を要求する反社会的勢力は、別の同様の団体と情報交換をしている場合があり、いったん賛助金の支払いを認めてしまうと、別の団体から、次から次に賛助金の支払いを求められることにもなりかねませんし、1つの反社会的勢力がいくつもの別の団体を名乗って賛助金を要求することも考えられます。

2　賛助金の支払いは断固として拒否

　このような賛助金の支払いの要求に対しては、断固として支払いを拒否す

ることが重要です。また、一般に暴力団排除条例では、暴力団員に対し、その活動や運営に協力する目的で金品等を渡す行為は「利益供与」として禁止されていますので、その点にも注意が必要です。

　反社会的勢力は、威嚇的、脅迫的な言動を用い、強硬に賛助金の支払いを要求する場合がありますので、そのような場合には、即座に、警察や弁護士などに相談してください。

Q21　広報誌購読要求

　　私はある団体から、広報誌を購読するように要求を受けました。どのように対応したらよいでしょうか。

A　1　広報誌の購読料を装った不当要求

　反社会的勢力は、自分たちの活動等を記載した広報誌、新聞、雑誌などの講読を求め、その購読料の支払いを要求する場合があります。これは一見すると広報誌等の購読料という正当な対価を装っているものの、その実態は、反社会的勢力が不当な金銭要求を行うための手段として広報誌等を道具として用いているにすぎません。

　これらの広報誌等は、毎月1回の発行で一部1万円程度のものが多いようですが、何部も購入するように要求されることもあり、この場合には毎月数万円の負担となります。

2　広報誌購読等の問題点

　これらの広報誌等には、反社会的勢力の活動内容や、反社会的勢力と敵対している企業や個人などへの中傷記事が記載されていることから、これらの

広報誌等の購読の要求は、彼らの金銭要求の手段であると同時に、広報誌等自体が反社会的勢力と敵対している企業等に対する威迫の手段ともなっており、このような広報誌等の購読は、反社会的勢力の資金源となるばかりでなく、彼らによる威迫行為を助長することにもなりかねないといえます。

　また、広報誌等の購読だけでなく、広報誌等への広告の掲載を要求される場合もありますが、このような広報誌等に広告を載せた場合には、広告の掲載料を要求されることはもちろん、反社会的勢力の活動に理解を示し、積極的に協力する企業等であるとのイメージを与えることにもなります。また、賛助金についての項目でも触れましたが、一般的に暴力団排除条例では、暴力団員に対して、その活動や運営に協力する目的で金品等を渡す行為は禁止されていますので注意が必要です。

3　広報誌等の購読は断固として拒否する

　反社会的勢力からの購読要求を断った場合、次は自分たちが反社会的勢力と敵対することになり、自分たちもこのような攻撃を受けるのではないかとのおそれを抱いてしまうでしょう。このように恐怖心を与えつつ、購読を要求することが反社会的勢力の常套手段ですので、初めから断固として拒否することが必要です。

Q22　執行・競売妨害

　　私は、不動産会社の代表をしていますが、不況で債務の返済ができなくなり、このままいくと社有の土地・建物の競売がなされてしまいそうです。この話を聞きつけた暴力団員であるという噂のある人物から「競売を止めてやる」という話をもちかけられました。頼んでもよい

のでしょうか。

 1　競売妨害での逮捕事例

「競売を止めてやる」ということですが、違法な手段を用いる可能性が高いため頼んではいけません。以下で説明するとおり、競売妨害罪（刑法96条の3・96条の4）として罪に問われるおそれがあります。

本設問のような場合に、競売を妨害した事例として次のものがあります。

バブル経済崩壊後、債権者の申立てによって不動産業者A社が有する土地建物の競売手続が進む中、A社の代表者Bは、何とかして競売を阻止したいと考え、以前から付き合いのあった暴力団組長Cに助けを求めました。A社は買い手がつかないようにCとの間で偽りの賃貸借契約書をつくり、Cが実質的に経営するフロント企業D社が占有者であるかのように見せかけ、A社の代表者Bと組長Cは、組長の威勢で他の入札者を排除し、または、落札者に対し立退料・明渡料名下に不当に金員を要求しようと共謀しました。

組長Cはこれに基づき、D社の名を記載した看板をその物件の玄関横に立て掛けたり、そこを組員に占有させたりしました。また、裁判所執行官の調査に備え、ほぼすべての物件について、賃貸借契約書や敷金等の領収書を偽造し、執行官の立会いに際しては、この賃貸借が真実のものであると説明し、現況調査報告書にその旨を記載させました。

しかし、その後の執行官の調査によって真相が判明し、A社の代表者BとCが逮捕されました。

2　競売妨害の問題点

上記事例のBは競売妨害が罪になることを知らなかったのかもしれませんが、競売を妨害することは刑法で禁じられています（刑法96条の3、96条の4）。

なお、上記事例は、改正前の民法395条の短期賃貸借保護制度が定められ

ていた当時の事例であり、現在は民法改正によって建物明渡猶予制度になって期間は短くなりましたが、現行法制のもとでも虚偽の賃貸借契約書を提出するなどして入札・競売妨害をしたとして逮捕される事例が発生しています。

　不況で債務の返済ができなくなってしまった場合でも、反社会的勢力に頼ってはいけません。

Q23　競売予定地に突如、看板が立ってしまった

　　　　私は、某銀行の融資係をしています。当行は、A社という不動産会社に、数年前、10億円を土地の買収資金として融資し、買収した土地に根抵当権を設定しました、このたびA社が不渡りを出したので、根抵当権を実行して債権を回収しようと考えています。ところが、A社が不渡りを出した直後に当行が根抵当権を設定した土地に「管理者・政治結社B本部」との看板が立てられていました。さらに、この土地上に建設工事用の資材が搬入され、建物の建築工事が始まりそうな状況です。どうしたらよいのでしょうか。

A　1　典型的な執行妨害の手口

　本設問のケースは、競売妨害の典型的な手口です。

　判例では、抵当権に基づく明渡請求権が認められています（最高裁平成11年11月24日大法廷判決や最高裁平成17年3月10日第一小法廷判決）。そこで、本設問のような執行妨害には、今後は、抵当権に基づく明渡請求権を被保全権利とする民事保全法による保全処分の活用が考えられます。

2　民事執行法に基づく保全処分（売却のための保全処分）

　民事執行法187条によれば、不動産競売の開始決定がされる前においても、「債務者又は不動産の所有者若しくは占有者」が抵当不動産の価格減少行為をする場合には、特に必要があれば、その行為に対し、当該価格減少行為を禁止し、または一定の行為を命ずることができます。さらに同一の要件のもとで裁判所の執行官に当該不動産を保管させることを命ずることができます。執行官保管とは、差押対象物の占有を執行官に移して執行官が保管することです。それによって、政治結社B本部の占有を排除することができます。

　さらに、執行官保管を命ずる保全処分について、保全処分の執行前に相手方（占有者）を特定することが困難とする特別の事情があるときは、相手方を特定せずに発令できるとされたため（民事執行法187条5項、55条の2）、占有者を次々と入れ替えることで特定を困難にし、保全処分の申立てや発令を困難にする執行妨害にも対応できます。

3　証拠収集の必要性

　本設問では、A社が不渡りを出した直後に政治結社を名乗る団体の看板が掲げられたのですから、その目的が競売妨害にある可能性は非常に高く、今後もさまざまな妨害行為へと進展していく可能性が高いと思われます。そして、土地の上に建物が建築されれば、土地の担保価値が著しく減少することも明白です。したがって、不動産競売の開始決定前の保全処分によって、建築工事禁止および退去命令を得るなどの対応をすべきでしょう。政治結社Bがこの退去命令に従わなければ、執行官保管の命令を求めることもできます。

　なお、この保全処分は3カ月以内に競売の申立てをする必要がありますから、注意してください（民事執行法187条4項）。また、この保全処分を求めるために、直ちに本件土地の占有状況を調査し、写真やビデオの撮影をしたり、搬入車両のナンバーから持ち主を調べたり、調査報告書を作成して公証

役場において確定日付をとっておくなど、あらかじめ証拠を収集する必要が
あります。

4　その他の法的手続

　最初に触れた最高裁判決に基づけば、政治結社B本部が不法占有者である
場合のみならず、仮に抵当権設定登記後に抵当不動産の所有者Aから占有権
原の設定を受けてこれを占有していたとしても、その占有権原の設定に抵当
権の実行としての競売手続を妨害する目的が認められ、その占有により抵当
不動産の交換価値の実現が妨げられて抵当権者の優先弁済請求権の行使が困
難となるような状態があるときは、直接的に妨害者である「政治結社B本部」
に撤去を求めることが可能と考えられます。また、抵当不動産の所有者Aが
抵当権に対する侵害が生じないように抵当不動産を適切に維持管理すること
が期待できない場合には、抵当権者は直接自己への抵当不動産の明渡しを求
めることが可能です。

　本設問のような場合には、民事保全法に基づき看板の撤去や建築工事の禁
止、そして土地の占有を執行官に移転するなどの仮処分命令の申立てをする
のがよいと思われます。なお、最終解決のためには、民事訴訟や抵当権に基
づく競売手続などの法的手続を順次進めることが必要です。

Q24　不動産執行に対する不法占拠の排除

　私は、A社の従業員です。当社は、裁判所において競売手続が
なされていた土地を競落し、売却許可決定を得ました。ところがその直
後、「政治結社B」という看板が付いたプレハブが建てられてしまいま
した。どうしたらよいでしょうか。

1　買受人のための保全処分

競売不動産について売却が実施されても、買受人がその不動産の明渡しを求めることができるようになるのは、代金を納付してその不動産を取得してからになります（民事執行法79条、83条）。しかし、その間に、本設問のような執行妨害が行われることがあります。そこで、民事執行法77条は、執行妨害から買受人を保護するために、売却のための保全処分と同様に買受人のための保全処分を規定しています。

2　保全処分による建物収去のメリット

本設問において、売却決定の直後に「政治結社B」の看板が付いたプレハブが建てられたのは執行妨害を目的とするものと思われます。

また、土地上に建物を建築することは、その土地の価格を減少させる行為であると同時に土地の引渡しを困難にするものでもあります。したがって、買受人のための保全処分を申し立て、その土地の執行官保管と建物の収去を命じてもらうのがよいでしょう。特に、後述する引渡命令では建物の収去を命じてもらうことができませんから、この保全処分により収去を命じてもらうことには大きなメリットがあります。

3　引渡命令の申立て

土地の現状を保全し、また、買受人が代金を納付したあとには引渡しを求めることができます。その法的手続の1つに、民事執行法83条の引渡命令があります。これは、代金を納付した買受人の申立てにより、債務者または買受人に対抗することができない権原により不動産を占有している者に対し、裁判所から引渡しを命じてもらうものです。この引渡命令は、債務者または買受人に対抗し得ないことが明らかな占有者に対しては、その者の審尋を必要としないため、スピーディーに決定を得られます。ただ

し、代金を納付した日から、6カ月以内に申し立てる必要がありますので注意してください。

4　仮処分と明渡訴訟の活用

　占有者が次々と変わるような悪質な執行妨害には、裁判（仮処分と明渡しの訴訟）によって解決するのがよいでしょう。

　執行官保管を命ずる保全処分について、保全処分の執行前に相手方（占有者）を特定することが困難とする特別の事情があるときは、相手方を特定せずに発令できるため（民事執行法187条5項、55条の2第4項、77条）、占有者が次々と変わるような執行妨害にも対応できます。

＊コラム＊

▷不動産競売における暴力団員等の買受防止

　平成31年2月19日に民事執行法等の法律を一部改正する法律案が第198回国会に提出され、同法は令和元年5月10日に成立し、令和2年4月1日に施行されました。民事執行法の重要な改正点として、不動産競売における暴力団等の買受防止の規定が設けられました。

　これまで、不動産競売において、暴力団員等の買受けを防止する規定がなかったため、暴力団員等は裁判所の競売によって適法に不動産を取得することができました。全国約1700の暴力団事務所のうち、約200の事務所が不動産競売の経歴を有しているといわれています。これに対して、民間の不動産取引では、暴力団排除条項等により、暴力団員等が不動産を取得するのは、非常に困難になっているのが現状です。それなのに、暴力団員等が裁判所の競売で正々堂々と不動産を取得することができてしまっては、暴力団を排除しようと苦労している民間の努力が無になりかねません。そこで、今回の民事執行法の改正により、不動産競売においても暴力団員等は買受人となれないことが法定されたのであり、

当然になされるべき法改正だったといえます。

　今回の改正民事執行法では、不動産競売の買受申立人に暴力団員等でないことを陳述させ、虚偽の陳述をすると6カ月以下の懲役または50万円以下の罰金が科されます（同法213条）。さらに、裁判所は開札期日に最高価買受人を決定するに際し、同人が暴力団員等に該当するかどうかを警察へ照会し（同法68条の4）、照会等の結果、暴力団員等であることが判明すれば、裁判所は売却不許可決定をしなければならない（同法71条）と定められました。こうした買受制限は、買受人自身が暴力団員等ではなかったとしても、暴力団員から資金提供を受けるなど、暴力団員等の指示に基づいて買受けの申出をした場合であれば同様に適用されます。

Q25　建設工事に対する不当要求

　私は、官公庁の指名業者である建設会社を経営しています。

　このたび、A市においてマンション建設工事を請け負って工事を始めたところ、「A市の環境を守る会」と名乗る団体が「我々はA市住民の代表だ。このマンションはA市の美観を害するから工事を即刻やめろ。住民説明会を開催しろ。賠償金を払え。街宣をかけてもいいのか」と言ってきました。どのように対応すればよいでしょうか。

 ## 1　団体の実態や住民との関係の調査

　本設問の事例については、まずは、この団体の実態や、住民から委任を受けているのかどうかを調べてみるべきでしょう。住民と全く関係がないのであれば、直ちに要求を断るべきでしょう。

　仮に、その団体が住民の一部から何らかの委任を受けている場合であっても、住民の受忍限度を超えるような具体的な権利侵害が認められない場合には、要求に応じる必要はありません。

　これに対して、具体的な権利の侵害や損害の発生が認められ、その程度が住民の受忍限度を超えるような場合には、損害賠償、建設工事差止めの理由になることがあります。ただし、賠償すべき相手は、被害を受けている住民であり、その団体ではありませんので、注意してください。

2　街宣行為への対処方法

　また、損害賠償を請求すること自体が正当な場合でも、その実現手段として街宣行為を行うことは許されません。したがって、その団体が「街宣をかける」という言動を繰り返すようなら、たとえ住民の一部から委任を受けていたとしても、その団体との交渉は打ち切るべきです。

　万一、建設工事を妨害するような行為や街宣行為が行われた場合には、建設工事の妨害を禁止する仮処分や街宣行為を禁止する仮処分を裁判所に求めることもできます。裁判所にこのような仮処分を認めてもらうには、妨害行為の内容や交渉経過等を明らかにする必要がありますので、妨害行為を写真やビデオで撮影したり、交渉経過に関する記録を残しておくなど証拠を保全しておいてください。

3　官公庁の指名業者である場合の対応

　また、建設業者が官公庁の指名業者であるときには、反社会的勢力は官公庁へ抗議活動を行うという手段を用いることがあります。「不良業者」「下請け泣かせ」と決めつけ、官公庁は監督不行届きであると弾劾するのです。

　対策としては、なるべく早期に、官公庁に対して、反社会的勢力からのクレームの内容や調査した事実関係を正確に報告して、反社会的勢力からの要求が不当であることを明確に伝えておくことです。

　実際にも、工事現場の清掃状況が悪いために自動車が傷ついたというクレームをつけられた事件で、エセ右翼は示談交渉が決裂した後すぐに官公庁に対して抗議活動を行いましたが、事前に官公庁に対して報告してあったので、官公庁の担当者から適切な回答がなされ、エセ右翼の不当要求が沈静化したケースもあります。

Q26　産廃処理場建設と街宣車

　　　私の住んでいる地区に、産業廃棄物処理施設が建設されることになりました。市役所に尋ねたところ、法律的には許可基準を満たしており、行政としては何もできないとのことでした。地区の住民はこのままではいけないと考え、産業廃棄物処理施設建設反対運動を起こしたところ、住民の代表者の自宅前に街宣車が来て、大音量で音楽を鳴らされるようになり、困っています。どうすればよいのでしょうか。

1　住民の団結の重要性

　産業廃棄物処理施設の建設そのものを差し止める方法については、住民の人格権等の侵害を理由に裁判所に仮処分を求める手続があります。この手続を進めるためにも、また、街宣行為などにより反対運動に不当な圧力を加えようとする勢力に対抗するためにも、住民の団結が重要です。

　街宣行為の被害を受けている住民の代表者個人の問題としてではなく、産業廃棄物処理施設の建設に反対する住民全体の問題としてとらえ、団結することが必要です。具体的には、住民同士の連絡や会合を行い意思疎通を怠らないこと、警察や弁護士と連携して緊急時にスムーズな対策がとれるようにしておくことが必要です。

2　街宣行為禁止の仮処分の申立て

　次に、街宣行為をやめさせる方法については、住民の人格権等の侵害を理由に、街宣行為を禁止する仮処分を裁判所に求める手続があります。

　この場合、街宣行為による被害を受けている住民代表者だけでなく、できる限り多くの周辺住民が申立人となるほうがよいでしょう。なぜならば、裁判所に街宣行為による被害の大きさを理解させ、街宣禁止の仮処分を迅速に認めてもらうには、被害者の数が多いことも影響するからです。

　また、街宣禁止の仮処分を求める相手方については、街宣車の登録状況や街宣活動の内容から特定していきます。

Q27　建設代金の不払い

> 　私は、建設会社を経営しています。賃貸ビルの建設を代金3億円で請け負って完成させ、施主の検収を受けたうえで引き渡しました。ところが、残代金を請求したところ、政治結社を名乗る人物Aが「施主から頼まれた者だが、ビル工事は欠陥だらけだ。残代金を支払うどころか、損害賠償をしてもらわないと俺の顔が立たない」と言ってきました。どうすればよいでしょうか。

1　本設問のAを相手にすべきかどうか

　Aは、「施主から頼まれた」と言っていますが、前提として、実際に施主がAに委任したかどうかを委任状や施主への問合せにより確認すべきです。

　また、Aは「政治結社」を名乗っていることから、エセ右翼（政治活動標ぼうゴロ）である可能性もあります。

初動対応のまずさ自体が後々まで尾を引くことも考えられます。したがって、直ちにAを相手にするのではなく、慎重な対応が求められます（当事者でない者の示談への介入については、委任状があっても、弁護士法72条に違反する可能性があることについて、Q5もご参照ください）。

2　欠陥の内容の特定

施主の検収を受けて引き渡したのですから、その時点で欠陥がないことは互いに確認済みのはずです。通常は、検収を受けて引き渡したことは文書に残されていますので、まずは、このような文書を示して、検収がきちんと終了していることを告げるべきです。

引渡しのときに欠陥（契約不適合）に気づかなかったと施主が主張するのであれば、欠陥の内容や検収の際に発見できなかった理由などを明らかにするように求めてください。その場合、内容証明郵便を利用すれば、後日より確実な証拠にもなりますし、貴社の意思も明確に表明できます。

なお、欠陥の内容を特定することや欠陥があることを証明することは、施主側で行わなければなりません。

3　請負残代金の請求

施主が欠陥の内容を具体的に明らかにせず、施主が主張するような欠陥が存在しないにもかかわらず残代金の支払いを拒んでいる場合には、残代金の支払いを求める民事訴訟等を視野に入れ、弁護士に相談すべきでしょう。それまでの交渉経過も記録に残しておくとよいでしょう。

Q28　自販機の設置要求

　　私は、建設会社の現場監督をしていますが、食品会社の経営者

と名乗る人物が工事現場に清涼飲料水の自動販売機を置かせてほしいと申入れをしてきました。私がこれを断ったところ、その後、政治結社を名乗る人物から「俺の顔を立てて、自動販売機を置いてやれ」と電話がかかってきました。

　どう対応すればよいのでしょうか。

 ## 1　要求に応じる義務はない

　どのような相手とどのような取引をするかは自由なので（契約自由の原則）、相手方の要求に応じる義務はありません。相手方の要求に応じる意思がないことを明確に告げて、断ってください。

　その際には、喧嘩腰の言い方や乱暴な口調は使わないように気をつけてください。相手方に新たな言いがかりをつけさせるきっかけを与えてしまいます。

　また、断る際には理由を言う必要はありません。その場逃れの理由をつけて断ることは、その理由について後から問い詰められることにもなりますので、やめましょう。

2　会社への報告

　社内的には、すぐに会社へ報告し、会社として組織的に対応できる態勢を整えておくべきです。あなたに断られた相手方が、突然あなたの会社の本社などに出向いて不当なクレームを言ってくることもあるかもしれません。事前に報告しておけば、会社としても対応について準備することができるでしょう。

3　要求に応じてしまったら

　「自販機を置くぐらいならいいか」と思われるかもしれません。しかし、

そのような対応をしていては、政治結社を名乗る人物から「圧力をかければ要求に応じる会社だ」と思われてしまいます。そうなると、この人物からの要求は、高額な機材の購入、下請けへの参入、賛助金の支払いなどと次第にエスカレートしていくでしょうし、弱腰な会社であるという評判を聞きつけた第三者からも不当な要求を受けることになってしまうかもしれません。

　少しぐらいのお付き合いなどと思わずに、最初からきっぱり断ってください。

Q29　建設会社に対する不当要求

　私は、建設業を営んでいます。先日、市立中学校耐震補強工事を落札しましたが、着工直後、Ａ建設株式会社のＢと名乗る人物から、「工事現場近くの住民からの苦情対策は、ウチに任せてほしい」などと言われ、近隣対策費を支払うよう要求されました。同業の知人に尋ねると、Ａ建設は暴力団傘下の会社だが、何かともめごとが多いこの業界にあって、Ｂに頼めばその種のもめごとは極めて少ないとのことでした。
　今のところ近隣住民からの苦情はありませんが、もしもの場合の予防策として、Ａ建設に支払ってもよいものでしょうか。

　　　　　　　暴力団関係者との取引は断固拒絶すべきです。
　Ａ　　　　要求に応じれば、暴力団排除条例によって暴力団員等に利益を供与した者として制裁が科されることがありうる点にも注意をしてください。

1　不当要求

　建設・土木業においては、反社会的勢力からの不当要求が、以前から問題

視されています。不当要求の態様は、本設問にあるような近隣対策費、挨拶料、迷惑料、営業補償、損害賠償、賛助金といった名目による金銭の支払要求のほかに、下請工事参入の強要、工事現場の管理上の問題に起因した言いがかり、入札辞退や談合の強要などさまざまなものがあります。

2 不当要求に対する規制等

(1) 不当要求を行った暴力団員等に対する規制

暴力団員等が行う不当要求に対しては、各地の暴力団排除条例が制裁をもって禁止しています。

たとえば、愛知県暴力団排除条例では、暴力団員等が不当要求により利益を得ることを禁止し（同条例14条2項）、違反した者に対しては、調査、勧告をすることができるとされ、従わない場合には公表をすることができるとされています（同条例24条、25条、26条）。

また、指定暴力団員が、指定暴力団の威力を示して不当要求をする場合には、暴対法が禁止する寄付金等の要求（同法9条2号）あるいは請負等の要求（同条3号）に該当し、その要求行為をしないよう中止命令が出される（同法11条、12条の6）といったことも考えられます。

(2) 事業者に対する規制

条例によって規制を受けるのは、不当要求をする者に限りません。

前述の愛知県暴力団排除条例によれば、暴力団員等に金銭などの利益を提供することを禁止しており（同条例14条1項）、違反した提供者に対しては、勧告がなされたり、氏名等が公表されたりすることがあります（同条例25条、26条）。

また、反社会的勢力との取引関係は、入札参加資格の取消しや指名停止といった措置の対象となって、国や地方公共団体の公共工事から排除されることが予想されます。公共工事の受注者に対し不当要求があったことの通報を義務づけ、これを怠った業者には指名停止を含む措置を検討するなどの制裁

を科している自治体もあります。

3 反社の不当要求を受け入れることのリスク

暴力団関係者からの不当要求を受け入れることは、単にそれら反社会的勢力に対し活動資金を提供するにとどまらず、資金提供者自らも前述の規制の対象となるうえ、反社会的勢力とのかかわりが明らかになることで企業の信用を低下させるといった危険を伴う行為です。

そのようなリスクを負わないためにも、不当な要求に対しては、場合によっては条例の存在を示すなどしながら、毅然とした態度で拒絶してください。

Q30 反社と環境問題・産廃問題

> 産業廃棄物の問題などのいわゆる環境問題に関連して、反社会的勢力の行為が問題となった例があると聞きました。どのような事例か教えてください。

 ## 1 産業廃棄物の不法投棄問題

近年の環境意識の高まりや産業廃棄物処理場の不足などを背景として、反社会的勢力が環境問題や産業廃棄物の問題に介入してくる例が相次いでいます。

このような介入の典型例として、不法投棄の問題があります。産業廃棄物の処分費用が高騰していることを背景として、正規の業者に処理を依頼する場合に比べて費用が低く抑えられることから、産業廃棄物処理に関する許可を受けていない業者に依頼することが多くなっており、産業廃棄物の不法投棄が相次ぐことにつながっています。違法業者からすれば、人里離れた山林

に不法投棄するような場合には、経費としては運搬のためのトラック代やガソリン代などが必要となるだけであるため、非常に「うまみ」の大きい商売であるといえます。

　一方で、いったん不法投棄がなされた場合には、莫大な撤去費用がかかりますが、その費用を本来負担すべき違法処理業者を突き止めるのは極めて困難であるのが現状です。

　廃棄物の排出事業者は適切な運搬業者・処理業者を選定する必要がありますし、山林の地権者は不法投棄がなされないよう所有地を定期的に巡視するなどして適切に管理する必要があります。

2　エセ右翼による言いがかりや街宣行為

　他の事例としては、エセ右翼が環境保護や自然保護を理由に、産業廃棄物処理業者に対して「違法な投棄を行っている現場をビデオで撮った」などと言いがかりをつけ、賛助金として多額の金銭を脅し取った例や、ゴルフ場開発業者に対して、整地作業の際の汚水処理が環境基準を満たしていないなどと言いがかりをつけ、賛助金として金銭を脅し取ろうとした例などがあります。

　また、エセ右翼が産業廃棄物処理業者の代理人と称して産業廃棄物処理場建設予定地の反対住民らに街宣行為をかけたり、直接に脅迫的な言動をし、反対運動を妨害したりした例もあります。反対運動の中心的な人たちが右翼団体を名乗るエセ右翼から説明を聞きたいといって呼び出され、長時間にわたって軟禁され、反対運動を止めるよう強く求められたこともありました。

3　自治体等に対する街宣行為等

　産業廃棄物処理施設建設などの環境問題については、国、都道府県、市町村などによる行政規制が数多く存在することから、反社会的勢力が行政庁に対して、たとえば市役所の窓口において、脅迫的な言辞を弄して、早期の許

認可を求めた例や法的に許可要件が備わっていないにもかかわらず許可を求めた例があります。さらに、国の出先機関や県、市などに直接街宣行為を行い、自己または自己の依頼者に対して、有利な行政指導を求めた例もあります。逆に、許認可をしないように求めた例もあります。しかもこの件では、最初は許認可することに反対していたエセ右翼はいつの間にか姿を消し、同じ系列と思われるエセ右翼が、今度は許認可を求める側で活動をしていたことがわかっています。

4　市民運動に対するエセ右翼行為

　いずれの事例も、不当な利益を追求するエセ右翼行為であり、その中には恐喝罪などの刑事事件となった例もあります。

　こういった環境問題や産業廃棄物処理の問題に取り組む市民運動を抑圧する手段として、エセ右翼行為が利用されることがあるのです。

Q31　食品に異物が混入しているとのクレーム

　　　私は、食パンの製造・販売を目的とする株式会社を経営しています。当社のパン工場では、製造当日またはその翌日に当社の販売先にパンを搬送しています。

　ところが、当社製造の食パンの中に金属片が混入していたとして、当社の食パンを買ったというAからクレームの連絡がありました。

　Aは、「○○消費者経済研究所品質管理部門研究員」という肩書きの付いた名刺を出し、当社の担当者に対し、「誠意ある対応」を求めています。

　当社としては、どのように対応したらよいのでしょうか。

1　まずは正確な事実の把握を

本設問のような場合、まず第1に、正確な事実を調査することが肝心です。

そもそも、本当にパンに金属片が混入していたのか、それともAがそう言い張っているだけなのかを明らかにするため、商品の現物を確認することがスタートラインとなります。

仮に、Aが理由をつけて現物を提示しないようであれば、Aの言い分は単なる言いがかりの可能性が高いので、現物を確認できなければ混入の事実の存在自体が確認できないため、対応することはできない旨を伝えましょう。

2　製造・搬送のプロセスでの混入の可能性を検証

次に、Aが現物を提示した場合には、現物の状態を詳細に観察・分析する必要があります。

どのような形状・大きさ・材質の金属片が、パンのどの部位・範囲に混入していたのかを確認したうえで、そのような金属片が製造、搬送過程で混入する現実的な可能性がどの程度あるのか、商品が店頭に並べられて販売されるまでの間に何者かが混入させる可能性はないかを調査します。

会社としての姿勢を明確にするためにも、徹底的に調査する旨をAに伝え、そのためにはAの協力が必要であることから、調査に協力するよう要請してください。仮に、Aの言い分が単なる言いがかりである場合には、このような要請をした段階で、それ以上の要求をしてこなくなる場合もあります。

また、Aが調査への協力に応じることなく「誠意ある対応」を要求する場合には「事実関係が明らかにならない限り、要求に応じることはできない」旨の会社の方針を、毅然たる態度で示すことが大切です。

3　損害の内容についても正確な調査を

調査の結果、パンが工場から出荷される前に金属片が混入したと思われる

場合には、製造物責任法上の責任の存否について検討する必要があります。同法３条によれば、引き渡した物の欠陥によって他人の生命、身体または財産が侵害された場合に、その物の製造者等に損害賠償責任が生じるとされています。

　もっとも、責任を負うのは、あくまでもＡに実際の損害が発生している場合に限られます。そこで、生じた損害を明らかにするため、資料の提出をＡに求めます。

　たとえば、金属片で口の中を切ったというのであれば、病院の診断書や治療費の領収書の提出を求め、けがの有無とその治療に要した金額を確認しましょう。

4　本設問におけるポイント

　本設問のようなケースにおいては、「正確な事実の把握」、「実際に生じた損害の内容と金額」を明らかにすることが何よりも肝要です。

　調査の手間を惜しみ、安易に金銭要求に応じると、同種の要求を受ける可能性があるので、注意してください。

Q32　欠陥部品のせいで交通事故を起こしたとのクレーム

　　当社は、自動車のトランスミッション等を製造する部品メーカーです。当社は、自社で製造したトランスミッションを自動車メーカーに納入しているのですが、今回、当社製トランスミッションを搭載した自動車に乗っていた○○政経塾代表を名乗るＡが交通事故を起こしました。

　　Ａは、当社製のトランスミッションに構造上の欠陥があったために自動車が暴走したと主張して、当社の責任を追及してきました。

> 当社としては、どのように対応すればよいでしょうか。

1　言い分と事実の確認

まずは、Aの言い分をよく分析してみましょう。

Aはなぜトランスミッションに欠陥があると主張しているのでしょうか。その理由だけで、製造業者に責任がないことが明らかな場合もあります。そのような場合には、トランスミッションの欠陥ではAの言うような事故が発生することはないことを告げ、会社に責任がないことをはっきりと伝えましょう。

Aの言い分を鵜呑みにせず、自社で詳細を調査しましょう。

2　会社に生じうる責任とその立証方法

仮にトランスミッションの不具合によって起こりうる事故であったとしても、製造業者である貴社が責任を負うべきものであるかどうかを検討する必要があります。

製造物責任法（PL法）上、製造業者等が責任を負うべき「欠陥」とは、当該製造物が通常有すべき安全性を欠いていることを意味し、「欠陥」であるか否かの判断に際しては、その製造物の特性や通常予見される使用形態、その製造業者等が製造物を引き渡した時期、その他当該製造物に係る事情が考慮されることになります（同法2条）。

つまり、「欠陥」の有無は、上記のような点を踏まえてケース・バイ・ケースで判断されることになります。

裁判では、製造業者等に対して同法に基づく責任を追及するには、「欠陥」に起因する損害を被ったと主張する被害者が、当該製造物のどの部分に、どのような問題があったのかを具体的に主張し、立証する必要があるということです。逆にいえば、被害があったと主張する被害者が、当該製造物に「欠陥」

があったことを立証できなければ、責任を負う必要はないことになります。

　したがって、Aとしては、抽象的に「トランスミッションに構造上の欠陥がある」と主張するだけでは足りず、トランスミッションのどの部分に、どのような問題があり、その結果として自動車が暴走したことについて、具体的に主張したうえで、証拠を提示する必要があるのです。

　たとえば、自動車の暴走は、トランスミッションの破断を原因とするものであり、トランスミッションの破断は、トランスミッションとプロペラシャフトの角度が不適切であることに基づくものである、といった事実を主張・立証する必要があります。

3　会社の反論①──開発危険の抗弁

　他方、製造業者は、その製造物をその製造業者等が引き渡した時期における科学または技術に関する知見によっては、その製造物にそのような欠陥があることを認識することができなかったときは、製造物責任を負わないとされています（製造物責任法4条1号）。これを「開発危険の抗弁」といいます。

　ここにいう「科学または技術に関する知見」とは、欠陥の有無の判断に必要となる入手可能な最高水準の知識であり、その製造業者の水準や業界の平均的な水準ではありません。

4　会社の反論②──部品製造業者の抗弁

　また、その製造物が他の製造物の部品として使用された場合には、その欠陥がもっぱら他の製造物の製造業者が行った設計に関する指示に従ったことにより生じ、かつ、その欠陥が生じたことにつき過失がないことを証明すれば、やはり製造物責任を負いません（製造物責任法4条2号）。これを「部品製造業者の抗弁」といいます。

　したがって、部品メーカーである貴社としては、そもそも製造物責任を負うべき「欠陥」が存在するのか、仮に「欠陥」があったとしても、開発危険

の抗弁や部品製造業者の抗弁によって免責される可能性がないかについて検討する必要があります。

5　会社の対応方針

　上記の各点について、仮に裁判になった場合、どのような結論が予想されるかを踏まえて交渉方針を決めてください。

　十分な検討をしないうちに、Aの勢いに気圧されて示談したり、被害弁償をしたりすることは絶対に避けてください。

　責任があるのかがわからない段階でAとの交渉に応じてしまうと、その点に付け込まれてさらに大きな要求をされかねませんので、注意が必要です。

Q33　代理店が反社だったら

　化粧品販売をしている当社（A社）は、販売代理店に売値の60%で商品を買ってもらい、40%が代理店の収入となるシステムをとっています。私は当社で代理店との新規契約を担当していますが、1年くらい前から代理店となっており、成績も相当よく当社からの信頼が厚いBさんの紹介で、C社という会社と新たな代理店契約を締結しました。

　その後、私がC社を訪問したところ、従業員に暴力団関係者らしき人間が数名いたため、私はC社が反社会的勢力であるとの疑いをもちました。私は、このような会社と代理店契約を継続しても大丈夫か心配です。当社はC社との代理店契約を解消することができるでしょうか。

1　調査の方法

まずは、そもそもC社が暴力団関係者等の反社会的勢力であるか否かを調

査する必要があります。

そのためには、まず都道府県警察に尋ねる方法があります。各都道府県の暴力団排除条例では、事業者が情を知ったうえで暴力団に利益供与することを禁止しています。この暴力団排除条例上の義務を履行するため、取引の相手方が暴力団関係者等の反社会的勢力に属するか否かを確認する必要がある場合等には、警察は暴力団情報を提供できます（平成31年3月20日付け警察庁刑事局組織犯罪対策部長通達「暴力団排除等のための部外への情報提供について」）。詳しくはQ2「警察への照会」を参照してください。

また、C社の商業登記を調べる方法があります。登記簿の役員欄に暴力団関係者が名を連ねていれば、反社会的勢力に関係する会社と判断できます。

それ以外にも、暴力追放運動推進センター、民間の暴追団体に尋ねれば、情報を得られることがあります。

これら調査の結果、C社が反社会的勢力に関係する会社と判明した場合、今後もC社と取引を継続することは、A社がC社を通じて背後の暴力団関係者に資金を供給する結果となり、情を知ったうえで暴力団に利益を供与するとして暴力団排除条例に違反することになりかねません。ゆえに、A社としては、C社との契約関係を解消することを考えるべきです。

2　契約解消の方法

まずは、C社が反社会的勢力に属していることによって両者の信頼関係が破壊されたとして、C社に対し解約を申し入れる方法が考えられます。

この解約に応じない場合、A社とC社との契約に反社会的勢力排除条項（暴排条項）があれば、C社との契約を解除できます。

さらには、暴排条項がない場合でも、A社はC社が反社会的勢力に属していることを知らずに契約を締結したのであって、C社が反社会的勢力に属していることを知っていたら契約を締結しなかったので、錯誤（民法95条）により契約は取消しできると主張することも考えられます

しかし、素直にＣ社が契約の解除、解約ないし無効を了承するとは限りません。かえって、Ａ社に対して、代理店となるためにかかった経費や将来の利益の補償を要求してくることが考えられます。

このような場合でも契約の解消をあきらめるべきではありません。弁護士に対応を依頼し、Ｃ社との契約を解消しましょう。

Q34　弁護士に対する反社からの攻撃

　　弁護士も反社会的勢力から攻撃されることがありますか。ある場合、弁護士はどのように対処しているのですか。

Ａ　1　弁護士は反社の天敵

反社会的勢力にとって、民暴事件を扱う弁護士は天敵のような存在といえます。なぜなら、民暴に強い弁護士は、エセ右翼やフロント企業といった反社会的勢力の手口を研究し、その対策についてのノウハウを蓄えているからです。

そのため、反社会的勢力は、弁護士に民暴事件から手を引かせることを目論んで、さまざまな手段で攻撃してくることがあります。弁護士についてのあらぬ噂を依頼者に吹き込んで両者の信頼関係を破壊しようとする、弁護士に対し事件から手を引くよう強要する、といった行為がその一例です。

仮に、反社会的勢力が弁護士に手を引かせることに成功するようなことがあれば、彼らは「弁護士は尻尾を巻いて逃げ出した」等として、ますます強い態度に出てくるでしょう。他方、事件の被害者は頼る者がいなくなり、彼らの言いなりになって金銭を搾り取られることになってしまいます。

2　反社会的勢力からの攻撃の具体例

　実際、先物取引を行っている会社に対する損害賠償請求事件を担当していたある弁護士の事務所に対して、その会社に関係のあるエセ右翼から街宣行為をかけられた例があります。このときには、「○○先生がんばってください」等というほめ殺し的な街宣活動が数日間続きました。

　この事例では、多数の弁護士が応援に駆けつけて弁護団を結成し、街宣活動を禁止する仮処分命令を裁判所に求めたうえ、弁護士業務を妨害したことについて損害賠償請求を行い、実際に賠償金を支払わせました。

　ほかにも、街宣活動禁止の仮処分を申し立てた弁護士が、逆に民事上の損害賠償請求をされた例もあります。もっとも、裁判所はエセ右翼の請求を認めることはなく、弁護士側が全面勝訴しています。

　また、反社会的勢力が弁護士会に対して、所属弁護士の懲戒請求を申し立てたこともありますが、具体的な根拠を欠き、そのような懲戒請求が法律上の根拠を欠くものであることを知りながら申し立てたような場合には、逆に不法行為として弁護士からの損害賠償請求の対象となることもあります。

3　弁護士の対応──反社会的勢力には屈しない

　このように、反社会的勢力は、民暴事件から手を引かせるため、弁護士に対してあの手この手で攻撃してきます。これらの攻撃を通して、彼らは弁護士が弱気になることや、依頼者からの信頼を失わせることをめざしているのです。

　しかし、民暴事件を担当する弁護士は、こういった攻撃にも弁護団を組織する等して断固として対峙し、依頼者の権利が不当に侵害されないように努めています。

　弁護士に対する反社会的勢力からの不当な圧力に対しては、その態様に応じ、仮処分（街宣禁止等）の申立てや損害賠償請求、刑事告訴といった手段

を適切に行使してこれを排除しつつ、事件処理を進めていきます。

Q35　ぼったくり被害

　　　繁華街を歩いていたら、客引きから「1時間3000円ぽっきり。かわいい女の子がたくさんいますよ」などと案内されてキャバクラ店に入りました。ところが、いざ店を出ようとしたところ、飲食代として100万円払えと言われました。とても払えないと断ったら、コワモテの店員に囲まれ、「金を払うまで帰さんぞ」とすごまれ、怖くなって仕方なくお店近くのコンビニエンスストアにあるATMで50万円下ろして支払いました。残額は後日請求書を送ると言われて、免許証のコピーもとられました。

　　　お店に入る前に、追加でお金がかかるとは全く言われませんでした。実際に飲んだお酒も3杯くらいです。100万円という金額には納得がいきません。残額を支払わなければいけないのでしょうか。また、すでに支払ってしまったお金を取り戻すことはできないでしょうか。

A　1　ぼったくりとは

　ぼったくりとは、米騒動の際の暴利取締令に出た語で「暴利」を活用させたものが語源です。法外な代価をとろうとする行為のことをいいます（『広辞苑』より）。

　特に、接客を行う飲食店や風俗店においては、客引きの勧誘時に表示された値段と実際に請求された値段が大きく異なるということが頻発しています。このように、飲食店等でのぼったくり被害の多くは、客引きによる勧誘が発端となっており、客引きの誘いには乗らないという姿勢が重要です。

2　ぼったくり排除条例

　各都道府県、特に東京・大阪・愛知・福岡・北海道など、規模の大きい繁華街がある都市においては、いわゆる「ぼったくり排除条例」が施行されています。愛知県を例にみてみましょう。

　愛知県の「ぼったくり排除条例」は、正式名称を「酒類提供等営業に係る不当な勧誘、料金の不当な取立て等の規制等に関する条例」といい、酒類の提供をし、かつ、客の接客を行う飲食店、風俗店に対し、料金等をわかりやすく表示する義務（4条）を課しているほか、料金を実際よりも著しく安いと誤認させる勧誘等の禁止（5条）、乱暴な言動による料金の取立ての禁止（6条）などを規定しています。

　本設問においても、客引きから「3000円」と勧誘された以上、3000円を超えて支払う必要はなく、100万円を請求されたときに支払いを断る意思を明確に示すべきでした。不当に高額な代金請求をされたり、脅迫的に支払いを求められたりしたときには、警察への通報も躊躇せずに行いましょう。

　また、同条例は、こうした「ぼったくり排除条例」に違反する行為をした店舗について、公安委員会が必要な指示（9条1項）や営業停止命令（10条）を行うことができること、これらの指示や命令の内容を公表することができる旨を定めています（12条）。実際、愛知県では、愛知県警のウェブサイトにて条例に違反した店舗等を公表しているほか、条例違反店舗等の情報を公開するスマートフォン用アプリケーション「アイチポリス[7]」を提供する等の取組みを行っています。

3　ぼったくりの被害回復

　飲食店で食事をする際には、「飲食物を提供してもらい」、「これに対する

7　ぼったくり被害防止アプリ「アイチポリス」ダウンロードページ<https://www.pref.aichi.jp/police/syokai/houritsu/sekou-kaisei/hoan/application.html>

対価を支払う」という内容の契約が成立しています。今回のケースでは、「対価は3000円であると思っていたのに、実際は100万円であった」という点が問題です。

　契約の成立には、双方の合意が必要です。今回のケースでは、そもそも「代金100万円」の合意はないため、そのような内容の契約は成立していません。

　仮に、「代金100万円」の契約が成立していた場合には、代金が100万円とは思わなかった（錯誤取消し・民法95条1項）、店側が対価は3000円だと騙して100万円の契約を結ばせた（詐欺取消し・同法96条1項）という主張を行うことが考えられます。これらの主張が認められれば、契約は遡って成立していなかったことになりますので、残額を支払う義務はありませんし、すでに支払ってしまった50万円を返す義務が店側に生じることになります（不当利得・同法703条、不法行為・同法709条）。あるいは、提供されたものに比べて100万円という対価があまりにも高い「暴利行為」であって、このような契約は公序良俗に反して無効である（同法90条）という主張も考えられます。

　もっとも、ぼったくり店も自分たちが違法な行為をしている自覚はあるでしょうから、任意で返金に応じる可能性は低いでしょう。そもそも話合いにすら応じないこともよくあります。話合いで解決できなければ、裁判という手段をとることになります。

　なお、今回のケースでは、免許証のコピーをとられています。このような情報の廃棄を求めるのは非常に困難で、たとえコピーした紙を取り返しても、情報自体を控えられている可能性が非常に高いです。個人情報は一度漏れてしまうとお金以上に被害回復が難しいものです。不用意に渡してはいけません。

　いずれにしても、早期問題解決のために専門家である弁護士に相談することを検討してください。

　一度お金を支払ってしまうと、取り戻すのには時間も費用もかかります。大切なことは、危ないお店には近づかないことです。そのためには、客引き

についていかないこと、事前に情報収集をしておくことが肝要です。もし、ぼったくり店に行ってしまったとしても、不当な請求には決して応じることなく、警察への通報は躊躇せずに行いましょう。

　世の中うまい話はありません。「安い！」という言葉を簡単に信じないことが最大の自衛手段です。

Q36　地域からの反社排除（適格団体訴訟）

　　　　３歳の子をもつＡさん夫婦は、平成30年７月頃、子育てや老後の静かな住環境を期待し、名古屋市内の新築分譲マンションの１室を購入し、暮らし始めました。

　ところが令和元年10月頃、Ａさん家族の住む分譲マンションの近くに、突如として、暴力団が事務所を開設しました。事務所の開設後、一見して暴力団関係者とわかるような人が、事務所やマンションの近くをうろついていたり、道ですれ違ったりするなどしました。

　Ａさんとしては今後もマンションで暮らしていくことを強く希望していますが、暴力団関係者がすぐ近くにいることに不安を感じています。他方で、Ａさん自ら暴力団に対して退去を求めることなどは、自身や家族への報復が恐ろしくてなかなかできません。どうすればよいのでしょうか。

A　　　適格都道府県センターによる事務所使用差止請求訴訟を提起することが考えられます。

1　はじめに

暴力団事務所が開設され、その関係者が利用を開始すると、周辺住民の生

活の平穏は大きく害されます。そのため、周辺の住民は、各自の人格権（生命、身体および平穏に生活を営む権利（福岡高決平成21・7・15判タ1319号273頁））に基づいて、暴力団事務所の立退きや使用差止めを求めることができると考えられています。

　しかし、一個人が、暴力団に対して立退きや使用差止めを求めること（すなわち、請求者として自らの氏名・住所等を明らかにすること）は、経済的負担もさることながら、暴力団からの報復を恐れる心理的負担もあり、とても困難です。

2　適格団体訴訟制度

　そこで、暴対法は、平成25年改正により、適格団体訴訟制度を設けました（暴対法32条の4、32条の5）。

　適格団体訴訟制度とは、国家公安委員会から認定を受けた暴力追放運動推進センター（以下、「適格都道府県センター」といいます）が、指定暴力団等の事務所の付近住民からの委託を受けて、事務所使用差止請求等を行うことができるというしくみです。

　適格都道府県センターは、住民から委託を受けた件に関し、裁判上の行為または裁判外の一切の行為を行うことができます（暴対法32条の4第1項）。具体的な内容としては、暴力団事務所に対して事務所の立退きや使用差止めを求める内容証明郵便等を送付したり、暴力団事務所使用差止請求訴訟を提起することが想定されています。

　適格団体訴訟では、適格都道府県センター自身が、請求者となったり、訴訟の原告となることができます。したがって、センターへ委託した住民の個人情報は秘匿されることになりますから、暴力団による住民への報復を未然に防ぐことができるというメリットがあります。

　平成25年以降、この制度を利用することによって、暴力団事務所使用差止めや立退きを実現した例は、全国でも数多くみられます。

━━━━━━━━━━━━━━ ＊コラム＊ ━━━━━━━━━━━━━━

▷暴力団排除のための建築協定制度の利用

　ご自身の住んでいる地域に、暴力団がやってくるかもしれない、という噂が流れた際、皆さんはどのように対応しますか。

　愛知県のある地区の住民は、同地区内に「暴力団関係施設が建設される」との噂が流れたことを受け、「暴力団に自分の土地や建物を貸さない」等と取り決めた建築協定を締結し、認可を受けました。

　建築協定とは、建物の高さや色彩・意匠、建築物の用途などについて、地区の住民同士がきめ細かい制限を独自に設け、そこに市長等の認可という手続を経ることにより、公的な効果をもたせる建築基準法上のしくみです。その目的は、地区住民発意のもと、良好な環境のまちづくりを促進しようとすることにあります。

　同地区の住民は、この制度を利用し、暴力団とかかわりのある事業者や買い手が当該地区に入り込むのを未然に防ぐことを企図しています。

　建築協定は、住民の理解や賛同を得なければならないという手間はありますが、地区の土地建物の利用についての住民間の取決めに、公的な「お墨付き」を得ることができます。建築協定に違反する工事には、工事停止や差止請求等ができるようにもなるのです。加えて、建築協定を結んだ当事者だけでなく、協定区域内の土地を購入するなどして新たに権利者になった人にも効力が及びます。

　このような強力な効果があるので、建築協定を締結して認可を受けるまでには、多数のステップを踏む必要があり、時間を要します（一般的な建築協定では、早くても半年、長いものでは数年かかるケースもあります）。

　建築協定のしくみを利用するにあたっては、地区住民の理解を得るため、丁寧にその必要性を説明するとともに、賛同を得たうえで、速やかに対応する必要があります。

＊コラム＊

▷みかじめ料の問題

　「みかじめ料」とは、暴力団が、縄張内で営業を営む者に対し、名目のいかんを問わず、その営業を営むことを容認する対償として支払わせる金品または日常業務に関して提供させる有償の役務等をいいます（暴対法9条4号・5号等）。

　みかじめ料は、特に、バー、スナック、クラブ、ソープランド、パチンコ店、ゲームセンター、麻雀店などに支払いを求める場合が多いといわれています。

　暴対法では、指定暴力団員が、威力を示して利益供与を受けることを禁止しています（同法9条各号等）。

　また、各地方公共団体は、暴力団排除条例を制定しています。条例では、みかじめ料を受け取った人のみならず、支払った人も、勧告または公表の対象とし、また、懲役または罰金を定める地方公共団体が増えています。そのため、上記罰則が適用され、店舗の経営等に多大な支障が生じるおそれがあります。

　近年では、全国各地で、支払ったみかじめ料を損害として認め、その返還を認める判決が出ており、さらに、実行行為者のみならず、暴力団の会長や組長に対し、損害賠償責任を認める判決も出ています。

　名古屋地方裁判所では、みかじめ料の支払いを余儀なくされた飲食店経営者が、10年以上にわたって、合計1085万円を支払っていた事案について、幹部の本件徴収行為は原告に対する不法行為にあたり、組長と下部組織の構成員との間には使用者と被用者の関係が成立し、本件徴収行為は組長の事業の執行として行われたものであり、損害賠償責任を負うとし、みかじめ料支払相当額およびこれに対する確定遅延損害金並びに相当額の慰謝料等を認容し、組長と実行行為者にその連帯支払いを命じました（名古屋地裁平成29年3月31日判決（判時2359号45頁））。

　広島地方裁判所では、性風俗店経営者および法人が、暴力団構成員からそれぞれみかじめ料を要求され、その支払いに応じなかったところ、襲撃や脅迫行為を受け金員を喝取された事案において、各原告に対する各不法行為（みかじめ料の交付、襲撃による従業員送迎車の損傷、事務所襲撃による物品等の損傷等）および同不法行為に対する被告ら（会長を除く）の共謀はいずれも認められるとし、会長は暴対法上の「代表者等」に該当し、みかじめ料徴収という資金獲得活動を指揮監督していたことは明らかであるとし、各原告に生じた相当額の損害賠償請求を認容し、被告らにその連帯支払いを命じました（広島地裁平成30年5月30日判決（判時2388号69頁））。

　今までみかじめ料を支払っていた方や、現在みかじめ料の要求を受けている方は、速やかに警察や、各地の暴力追放運動推進センターに相談してください。

参考資料

反社排除に使える書式等

❶　推奨暴排条項例（詳細版）

第●条（反社会的勢力排除条項）

第1項　甲及び乙は、相手方に対して、本契約の締結日において、自らが以下の各号に定める者（以下「反社会的勢力」と総称する。）のいずれにも該当しないことを相互に表明し、保証する。

　第1号　暴力団、現に暴力団構成員である者、又は暴力団構成員であったときから5年を経過しない者

　第2号　以下のイないしニに定める行為をしようとし又はした最後の日から3年を経過しない者。ただし、当該行為ないし供与に係る利益が直接間接を問わず不法又は不当な行為に用いられておらず、再発防止のために適切な措置をとったことが証明された場合はこの限りでない。

　　イ　第1号で定める者に無償（対価が不相当に低廉な場合を含む。以下同じ。）で重要な財産（金銭を含む。以下同じ。）を譲渡し又は利用させる行為

　　ロ　第1号で定める者に無償で重要な役務を提供する行為

　　ハ　譲渡し又は利用させようとする財産が不法な目的の用に供される事を知って又は知るべきであったのにこれに反して、第1号で定める者に財産を譲渡し又は利用させる行為

　　ニ　提供しようとする役務が不法な目的の用に供される事を知って又は知るべきであったのにこれに反して、第1号で定める者に役務を提供する行為

　第3号　以下のイないしハに定める者のほか、第1号に該当する者と密接に関与する者。ただし、当該関与先との一切の関係を遮断し、再発防止のため適切な措置をとったことが証明された場合はこの限りでない。

　　イ　第1号で定める者と身分上、生活関係上又は経済関係上一体
　　　をなす者
　　ロ　第1号で定める者が株式所有、取締役としての業務遂行その
　　　他の手段により実質的にその財務又は事業の方針の決定に関与し
　　　ている企業その他の者
　　ハ　第1号で定める者の重要な財産を無償で譲り受け、又は同人
　　　の重要な財産を無償で利用した者
第4号　以下のイないしニに定めるほか、第1号に該当する者と社会的に
　　非難されるべき関係にある者。ただし、当該関係を含む一切の関係
　　を遮断し、再発防止のために適切な措置をとったことが証明された
　　場合はこの限りでない。
　　イ　第1号で定める者と共同して行った行為について逮捕され、
　　　起訴され、又は有罪判決を受けてから5年を経過しない者
　　ロ　第1号で定める者と共同して行った行為について一般報道機
　　　関に違法なものとして報道されてから3年を経過しない者。ただ
　　　し、当該報道が重要な事実について真実に反する事を証明した場
　　　合はこの限りでない。
　　ハ　第1号で定める者と密接な身分関係を有する者
　　ニ　第1号で定める者と生活関係上、又は経済関係上、実質的に
　　　重要な利害を共にしている者
第5号　暴力団準構成員、暴力団関係企業、総会屋等、社会運動等標榜ゴ
　　ロ、特殊知能暴力集団、準暴力団等。
第2項　甲又は乙は、相手方が自ら又は第三者を利用して以下の各号の一に
　　でも該当する行為をしないことを表明し、保証する。
第1号　暴力的な要求行為
第2号　法的な責任を超えた不当な要求行為
第3号　取引に関して、脅迫的な言動をし、又は暴力を用いる行為

第4号　風説を流布し、偽計又は威力を用いて甲の信用を棄損し、又は甲の業務を妨害する行為

第5号　その他前各号に準ずる行為

第3項　甲又は乙が、前2項に定める表明・保証義務違反により相手方に損害を与えた場合には、当該損害を賠償しなければならない。本契約の締結日以降に反社会的勢力に該当することとなった場合も同様とする。

第4項　甲又は乙は、相手方が第1項及び第2項に定める表明・保証義務に違反した場合には、何らの催告無くして直ちに本契約を解除することができる。本契約の締結日以降に反社会的勢力に該当することとなった場合も同様とする。

第5項　甲又は乙は、相手方が反社会的勢力に該当すると認めるに足りる相当な理由がある場合には、当該相手方に対し、必要に応じて、説明又は資料の提出を求めることができ、当該相手方は速やかにこれに応じなければならない。当該相手方がこれに速やかに応じず、あるいは、虚偽の説明ないし虚偽の資料提出をするなど誠実に対応しなかった場合は、前2項の規定を準用する。

【コメント】

　第1項第1号は典型的な反社会的勢力です。

　第1項第2号は、反社会的勢力排除の原理（本書18頁）が、反社会的勢力を介した間接的な法益侵害にもあることを主な理由として定めたものです。イロハニは具体例として想定されるものを列挙しましたが、本号本文の内容から明らかなように、これに限られるものではありません。

　第1項第3号は、反社会的勢力排除の原理が、反社会的勢力を介した間接的な法益侵害にあることと、反社会的勢力が紛争と親和性が高いことを主な理由として定めたものです。イロハは具体例として想定されるものを列挙し

ましたが、本号本文の内容から明らかなように、これに限られるものではありません。

　第1項第4号は、反社会的勢力排除の原理が、反社会的勢力が紛争と親和性が高いことと、レピュテーションリスクを主な理由として定めたものです。イロハニは具体例として想定されるものを列挙しましたが、本号本文の内容から明らかなように、これに限られるものではありません。

　第1項第5号は典型的な反社会的勢力です。近年の動向を踏まえて、準暴力団も本号にあげています。準暴力団については8頁のコラムをご参照ください。

　第2項は、第1項のように相手方が反社会的勢力であることが明らかな場合にとどまらず、相手方の不当な行為を理由とした契約解除や損害賠償を可能にするものです。

　第3項は、本来第1項・第2項に違反した当事者に対しては損害賠償が請求できると考えられますので、そのことを念のため明確にしたものです。

　第4項は、本来第1項・第2項に違反した当事者との契約は解除できると考えられますので、そのことを念のため明確にしたものです。

　第5項は、第1項違反・第2項違反を理由とした解除や損害賠償が難しい場合にも、虚偽の説明や資料の不提出を理由とした解除や損害賠償をできるようにしたものです。

❷　推奨暴排条項例（簡略版）

第●条（反社会的勢力排除条項）

第1項　甲及び乙は、相手方に対して、本契約の締結日において、自らが以下の各号に定める者（以下「反社会的勢力」と総称する。）のいずれにも該当しないことを相互に表明し、保証する。

第1号　暴力団、現に暴力団構成員である者、又は暴力団構成員であったときから5年を経過しない者

第2号　第1号で定める者（以下「暴力団等」と総称する。）に対し、無償で、不相当な対価で又は当該暴力団等において不法な目的の用に供されることを知って若しくは知るべきであったのに財物若しくは役務を提供しようとし又はした最後の日から3年を経過しない者。ただし、当該行為ないし供与に係る利益が直接間接を問わず不法又は不当な行為に用いられておらず、再発防止のために適切な措置をとったことが証明された場合はこの限りでない。

第3号　暴力団等と密接に関与する者。ただし、当該関与先との一切の関係を遮断し、再発防止のため適切な措置をとったことが証明された場合はこの限りでない。

第4号　暴力団等と社会的に非難されるべき関係にある者。ただし、当該関係を含む一切の関係を遮断し、再発防止のために適切な措置をとったことが証明された場合はこの限りでない。

第5号　暴力団準構成員、暴力団関係企業、総会屋等、社会運動等標榜ゴロ、特殊知能暴力集団、準暴力団等。

第2項　甲又は乙は、相手方が自ら又は第三者を利用して以下の各号の一にでも該当する行為をしないことを表明し、保証する。

第1号　暴力的な要求行為

第2号　法的な責任を超えた不当な要求行為

第3号　取引に関して、脅迫的な言動をし、又は暴力を用いる行為

第4号　風説を流布し、偽計又は威力を用いて甲の信用を棄損し、又は甲
　　　　の業務を妨害する行為

第5号　その他前各号に準ずる行為

第3項　甲又は乙が、前2項に定める表明・保証義務違反により相手方に損
　　　　害を与えた場合には、当該損害を賠償しなければならない。本契約の
　　　　締結日以降に反社会的勢力に該当することとなった場合も同様とす
　　　　る。

第4項　甲又は乙は、相手方が第1項及び第2項に定める表明・保証義務に
　　　　違反した場合には、何らの催告無くして直ちに本契約を解除すること
　　　　ができる。本契約の締結日以降に反社会的勢力に該当することとなっ
　　　　た場合も同様とする。

第5項　甲又は乙は、相手方が反社会的勢力に該当すると認めるに足りる相
　　　　当な理由がある場合には、当該相手方に対し、必要に応じて、説明又
　　　　は資料の提出を求めることができ、当該相手方は速やかにこれに応じ
　　　　なければならない。当該相手方がこれに速やかに応じず、あるいは、
　　　　虚偽の説明ないし虚偽の資料提出をするなど誠実に対応しなかった場
　　　　合は、前2項の規定を準用する。

【コメント】

　契約書の分量が多くなりすぎるなどのやむを得ない理由によって、詳細版
を利用することが難しい場合には、こちらの簡略版を利用することも考えら
れます。

　詳細版の第1項第2号イロハニ、第3号イロハおよび第4号でイロハニと
してあげられていた具体例は、いずれも各号本文に含まれていますから、「反
社会的勢力」の範囲は詳細版と変わりません。

❸　反社会的勢力に該当しないことの誓約書例

反社会的勢力に該当しないことの誓約書

　私〔当社〕は、自らが以下の各号に定める者（以下「反社会的勢力」と総称する。）のいずれにも該当しないことを誓約いたします。なお、本誓約書にて誓約した事項については、本誓約書提出以前に貴社との間で締結した一切の契約及び本誓約書提出以降に私〔当社〕・貴社間で締結する一切の契約について適用されることを私は了承します。

第1号　暴力団、現に暴力団構成員である者、又は暴力団構成員であったときから5年を経過しない者

第2号　以下のイないしニに定める行為をしようとし又はした最後の日から3年を経過しない者。ただし、当該行為ないし供与に係る利益が直接間接を問わず不法又は不当な行為に用いられておらず、再発防止のために適切な措置をとったことが証明された場合はこの限りでない。

　　イ　第1号で定める者に無償（対価が不相当に低廉な場合を含む。以下同じ。）で重要な財産（金銭を含む。以下同じ。）を譲渡し又は利用させる行為

　　ロ　第1号で定める者に無償で重要な役務を提供する行為

　　ハ　譲渡し又は利用させようとする財産が不法な目的の用に供される事を知って又は知るべきであったのにこれに反して、第1号で定める者に財産を譲渡し又は利用させる行為

　　ニ　提供しようとする役務が不法な目的の用に供される事を知って又は知るべきであったのにこれに反して、第1号で定める者に役務を提供する行為

第3号　以下のイないしハに定める者のほか、第1号に該当する者と密

接に関与する者。ただし、当該関与先との一切の関係を遮断し、再発防止のため適切な措置をとったことが証明された場合はこの限りでない。

　イ　第1号で定める者と身分上、生活関係上又は経済関係上一体をなす者

　ロ　第1号で定める者が株式所有、取締役としての業務遂行その他の手段により実質的にその財務又は事業の方針の決定に関与している企業その他の者

　ハ　第1号で定める者の重要な財産を無償で譲り受け、又は同人の重要な財産を無償で利用した者

第4号　以下のイないしニに定めるほか、第1号に該当する者と社会的に非難されるべき関係にある者。ただし、当該関係を含む一切の関係を遮断し、再発防止のために適切な措置をとったことが証明された場合はこの限りでない。

　イ　第1号で定める者と共同して行った行為について逮捕され、起訴され、又は有罪判決を受けてから5年を経過しない者

　ロ　第1号で定める者と共同して行った行為について一般報道機関に違法なものとして報道されてから3年を経過しない者。ただし、当該報道が重要な事実について真実に反する事を証明した場合はこの限りでない。

　ハ　第1号で定める者と密接な身分関係を有する者

　ニ　第1号で定める者と生活関係上、又は経済関係上、実質的に重要な利害を共にしている者

第5号　暴力団準構成員、暴力団関係企業、総会屋等、社会運動等標榜ゴロ、特殊知能暴力集団等、準暴力団等

索　引

あとがき

　初版の刊行から7年以上が経過し、反社会的勢力の手口や顔ぶれも変化し、また、反社会的勢力を取り巻く社会情勢も変化してきました。このような変化に対応するため、第2版を出版することになりました。

　改訂作業にあたり、愛知県弁護士会民事介入暴力対策委員会の有志による編集チームを結成し、編集会議として、会議室にいわゆる「カンヅメ」になって集中的に作業する編集合宿を予定していましたが、令和2年初頭からの新型コロナウイルス感染症流行の影響で、大人数が集まって会議をすること自体が困難となり、改訂作業の多くはウェブ会議を利用した編集会議となりました。

　そういう状況の中でも、本書の初版が出版された後に委員会に入った若手民暴委員を含めて、意欲ある民暴弁護士が何十回と繰り返される編集会議に参加して改訂作業に携わり、令和3年7月に地元愛知で開催される第10回民事介入暴力対策全国拡大協議会愛知に間に合うよう民事法研究会にも無理を言って、無事に改訂作業を終えることができました。作業に携わったすべての人々に、この場をお借りして、感謝申し上げます。

　暴力団をはじめとする反社会的勢力にいかに対応すべきかの問題は、仮にそれほど遠くない時代に暴力団が消滅したとしても、おそらく続いています。そのときの社会情勢に適応した反社会的勢力への新たな対応策が必要になるでしょう。その際には、新たな編集チームが結成され、その改訂作業においても、民暴委員会の研究成果が公表できれば幸いです。

　　　令和3年6月

　　　　　　　　　　第2版編集長　弁護士　伊　東　正　晴

初版執筆・編集者一覧
（50音順）

淺見　敏範	内山智映子	塚原　正典	星野　一郎
安藤　雅範	景山　智也	土居　竹美	安江　正基
飯田　稔	加島　光	名越　陽子	渡邊　一平
伊東　正晴	亀村　恭平	花木　淳美	
宇佐美敦士	高岡　伸匡	平田　浩一	

第2版執筆・編集者一覧
（50音順）

青葉　憲一	大橋　雅史	鈴木　誠人	森下　修匡
淺見　敏範	小笠原　佑	高嶋　浩平	安江　正基
安藤　雅範	荻原　文孝	田中　健人	山口　裕允
伊藤　朋之	加島　光	檀浦　康仁	
伊東　正晴	篠田連太郎	名越　陽子	
伊藤　力也	城田　健次	平田　浩一	

（愛知県弁護士会民事介入暴力対策委員会所属）

反社会的勢力対応の手引〔第2版〕

令和3年7月15日　第1刷発行

定価　本体　2,200円＋税

編　者　反社リスク対策研究会
発　行　株式会社　民事法研究会
印　刷　株式会社　太平印刷社

発行所　株式会社　民事法研究会
　　　〒150-0013　東京都渋谷区恵比寿3-7-16
　　　〔営業〕TEL 03（5798）7257　FAX 03（5798）7258
　　　〔編集〕TEL 03（5798）7277　FAX 03（5798）7278
　　　http://www.minjiho.com/　　info@minjiho.com

組版／民事法研究会
落丁・乱丁はおとりかえします。ISBN978-4-86556-449-5　C2032　￥2200E

最新実務に必携の手引

── 実務に即対応できる好評実務書！──

2021年6月刊 争点整理で悩む多くの実務家が渇望する具体的な方法論を、現役裁判官が提示！

争点整理の手法と実践

訴状・答弁書の検討から第1回口頭弁論期日を経て、争点整理の序盤・中盤・終盤に至るまでの思考過程と審理運営のポイントを、事件類型別に具体的に解説！暫定的な心証開示や和解勧試のタイミングについても言及！

森　宏司・中本敏嗣・小野憲一・森　純子　編

（Ａ5判上製・431頁・定価5280円（本体4800円＋税10%））

2021年6月刊 最新の法令・判例・実務に対応させ5年ぶりに改訂増補！

簡裁民事訴訟事件
要件事実マニュアル〔第2版〕

訴訟類型ごとの「請求の趣旨・原因」についての要件事実上の内容・論点をまとめ、簡明に解説した実務マニュアル！　第2版では、民法や消費者契約法、労働基準法などの関係法令の改正だけでなく、最新の判例・文献にも対応して改訂増補！

園部　厚　著

（Ａ5判・555頁・定価6050円（本体5500円＋税10%））

2021年6月刊 最新の法改正等に対応し、関係者必読の設問を新設して改訂！

エンターテインメント法務Q&A〔第3版〕
─権利・契約・トラブル対応・関係法律・海外取引─

第3版では、芸能人・スポーツ選手の移籍と独占禁止法、ギフティングサービス（投げ銭）の設問を新設！　著作権法、個人情報保護法など最新の法改正、独占禁止法の運用や実務動向等も踏まえ改訂！

エンターテインメント・ロイヤーズ・ネットワーク　編

（Ａ5判・416頁・定価4730円（本体4300円＋税10%））

2021年6月刊 小規模会社・事業者の破産事件の書類作成業務のノウハウを開示！

司法書士のための
会社・事業者破産の実務と理論
─相談・申立てから破産開始後の論点まで─

国民の権利擁護を使命とする専門家として、自責の念を抱え疲弊した依頼者に寄り添いつつ、相談から申立書作成まで、破産法の理念に則った手続遂行の支援を書式と事例で詳説！

古橋清二・中里　功　著

（Ａ5判・413頁・定価4400円（本体4000円＋税10%））

発行　民事法研究会
〒150-0013　東京都渋谷区恵比寿3-7-16
（営業）TEL 03-5798-7257　FAX 03-5798-7258
http://www.minjiho.com/　info@minjiho.com

最新実務に必携の手引

— 実務に即対応できる好評実務書！ —

2019年8月刊 多様な最新事例を収録し、市民を守るノウハウを開示した待望の全面改訂版！

仮処分等を活用した
反社会的勢力対応の実務と書式〔第2版〕
—相談・受任から訴訟までの実践対策—

　行政を債権者とする組事務所の使用差止め（明渡し）、区分所有法に基づく反社会的勢力排除など、最新の動向や実例を収録し、書式と一体として解説！　属性照会、適格団体訴訟、暴排条項の解釈などの事例を踏まえて詳解！

埼玉弁護士会民事介入暴力対策委員会　編
（Ａ5判・468頁・定価5170円（本体4700円＋税10％））

2018年11月刊 市民や企業の安全・安心を守るためのノウハウを開示！

悪質クレーマー・反社会的勢力対応
実務マニュアル —リスク管理の具体策と関連書式—

　潜行化が進み実態が判別しにくくなったといわれる反社会的勢力について、最新の情報に基づいてその判別方法から様々なクレーム・不当要求やトラブル事例に対し、具体的な対応策や解決策を関連書式と一体として解説した実践的手引書！

藤川　元　編集代表　市民と企業のリスク問題研究会　編
（Ａ5判・351頁・定価4180円（本体3800円＋税10％））

2021年1月刊 日頃から悪質クレーマー問題に取り組んできた弁護士の実践的ノウハウを余すことなく開示！

クレーマー対応の実務必携Ｑ＆Ａ
—知っておくべき基礎知識から賢い解決法まで—

　いまや大きな社会問題化している「不当クレーム」、「悪質クレーム」をめぐって、さまざまな具体例を取り上げて正しい対応のあり方と賢いトラブル解決の仕方について、どなたでも理解できるようにわかりやすく解説した待望の書！

岡本健志・香川希理・川田　剛・木村裕史・斎藤悠貴・鈴木哲広・藤川　元・北條孝佳　著
（Ａ5判・331頁・定価3520円（本体3200円＋税10％））

2012年10月刊 暴力団関係者が参加しているパーティーに出たら条例違反？

暴力団排除条例で変わる市民生活

　全国の都道府県で制定・施行されている暴力団排除条例で求められる市民の対応について「セーフかアウトか」をわかりやすく解説したＱ＆Ａ！　暴力団等の反社会的勢力排除のための基本的な知識、心構え等も収録！

虎門中央法律事務所　編
（Ａ5判・282頁・定価2640円（本体2400円＋税10％））

発行 🅜 民事法研究会

〒150-0013　東京都渋谷区恵比寿3-7-16
（営業）TEL 03-5798-7257　FAX 03-5798-7258
http://www.minjiho.com/　　info@minjiho.com